한국민요춤

퓨어풀댄스토리

이 김 이 장 정
미 유 길 이 도
영 나 현 정 이

도서출판 성득

이 저서는 2019년, 2022년 대한민국 교육부와 한국연구재단의 일반공동연구 지원사업의 지원을 받아 수행된 연구입니다.
NRF-2019S 1A5A2A03038213 / NRF2022S 1A5A2A03050653

〈한국민요춤 콘텐츠 저작권 표기〉
본 프로젝트는 노년기와 유아기 세대 통합을 위한 한국 민요춤 All-Line 융합교육에 대한 연구를 위한 한국 민요춤의 콘텐츠에 대한 저작권이 이미영·판댄스컴퍼니(Lee Mi Young·PAN Dance Company)가 소유하고 있습니다. 콘텐츠 이용 시, 저작권법 및 공공누리 저작물 보호에 저작권자를 표시해야 하며, 사업적 이용과 저작물 변경을 금지하고 있습니다.

〈사전영상 저작권 표기〉
본 프로젝트는 노년기와 유아기 세대 통합을 위한 한국 민요춤 All-Line 융합교육에 대한 연구를 위한 콘텐츠의 시각물에 대한 저작권은 서울미디어대학원대학교(SMIT) UBIA Lab의 개발진이 소유하고 있습니다. 콘텐츠 이용 시, 저작권법 및 공공누리 저작물 보호에 따라 출처 또는 저작권자를 표시해야 하며, 사업적 이용과 저작물 변경을 금지하고 있습니다.

한국 민요춤 영상콘텐츠 개발 및 설계 _전지윤(Chun JiYoon | SMIT UBIA Lab)
시각 디자인_ 주효정(Joo HyoJung | SMIT UBIA Lab)
영상 디자인_김혜령(Kim HyeRyeong | SMIT UBIA Lab)

한국민요춤

퓨어풀댄스토리

머리말

뉴노멀 시대, 우리는 엄청난 변화의 중심에 있습니다. 비대면Untact 소통과 뉴미디어를 통한 예술표현의 확장, 인공지능AI나 가상세계Metaverse의 일상적 활용 등 새로운 삶의 환경으로 나아가고 있지만, 역설적으로 이러한 변화는 예술가에게 또 다른 성찰과 함께 과학과 기술로 해결할 수 없는 인간성Humanity과 인간의 감성적 표현에 대한 소중함을 더욱 실감하게 됩니다.

전 세계의 문화적 이목이 한류에 집중하는 이유는 대한민국만의 고유성인 '한스타일Han style'에 세계성이 있기 때문입니다. 한국인의 사회, 문화적 삶의 철학, 사상, 전통 등 한국 고유의 특성들이 음악, 영화, 연기, 춤, 음식, 의복 등에 녹아들면서 전 세계인의 감성과 마음을 흔드는 성공적인 결과라고 생각합니다. 즉 새로운 변화의 중심에 과학 기술뿐만 아니라, 우리 문화예술의 심상이 세계성을 갖추고 있다는 반증입니다.

이러한 관점에서 볼 때, 거시적으로 한국 민요춤의 세계화·보편화 가능성을 엿볼 수 있으며 이에 대한 연구와 공연이 지속적으로 발전해야한다고 생각합니다. 이런 생각과 확신은 한국 민요춤의 근원을 발굴하고 모듈을 만드는 과정과 책을 집필하는 과정 속에서도 확인하게 되었고, 이를 활용하여 현대적으로 해석한 공연을 통해서도 확인할 수 있었습니다.

『한국 민요춤 퓨어풀댄스토리』는 2020년『한국 민요춤 연구』, 2022년『QR코드로 보는 한국 민요춤 풍경』, 2024년『토리와 함께하는 한국 민요춤 -유아편-』,『토리와 함께하는 한국 민요춤 -시니어편-』에 이은 작업으로, 한국 민요춤을 보다 체계적이고 진일보한 형태로 소개하고자 하였습니다. 본 저서는 교육적 실천을 중심에 두고 구성되어 있으며, 민요춤 콘텐츠의 대중화와 문화적 확산을 위한 또 하나의 시도이기도 합니다.

한국 민요춤은 단순한 춤의 형태를 넘어, 몸짓·소리·의식·놀이·노동 지역의 풍습과 이야기 등 삶의 전 영역이 녹아 있는 종합예술입니다. 또한 한국 민요춤은 우리나라 각 지역의 고유한 색채와 공동체의 생활양식 및 역사가 담겨있는 춤이며 빠르게 변화하는 사회 안에서 사람과 사람을 연결하고 사람과 지역이 상생 및 공존할 수 있는 커뮤니티 스토리Community Story가 내포되어 있습니다. 이는 글로벌 문화의 시대흐름에서 우리 민족의 지역성Locality을 대표하는 중요한 문화유산이라고 할 수 있습니다.

책을 집필하면서 한국 민요춤의 콘텐츠가 독자들에게 조금이라도 더 가깝고 친절하게 다가갈 수 있는 방법을 고민했습니다. 그 결과 지역의 풍속도나 글, 그림뿐 아니라, QR 코드를 고안하여 그 안에 콘텐츠를 담았습니다.

그 내용들을 보면 각 한국 민요춤의 지역성, 역사성, 내용 등의 소개뿐 아니라, QR 코드 속에 담긴 민속놀이와 모듈의 한국 민요춤 영상을 볼 수 있도록 만들었습니다. 이에 독자들은 메타버스처럼 시·공간을 넘나들면서 여러 지역을 시각적으로 체험하고 상상할 수 있게 됩니다. 이를 통해 한국 민요춤을 보다 재미있고 친근하며 쉽게 다가갈 수 있을 것입니다.

책에 제시한 내용들은 지역문화 활성화를 위한 한국 민요춤 연구의 이론적 토대가 될 것이며, 추후 한국 민요춤을 누구나 쉽고 빠르게 공유함으로써 많은 사람들에게 확산시킬 수 있는 기반이 될 것입니다. 그리고 오늘날 제 4차 산업혁명시대에 민요와 춤, 지역의 삶과 커뮤니티가 내포되어 있는 한국 민요춤을 활용하여 융복합 콘텐츠로 발전시킬 수 있는 측면이 있음을 밝힙니다.

앞으로 여러 한국 민요춤 모듈들이 교육과 공연현장에 적용되고 활용되었으면 합니다. 나아가 보다 더 적극적으로 콘텐츠를 개발하여 한국 민요춤이 한국춤의 현대화에 플랫폼적 기능과 역할로 활용되길 바랍니다. 이러한 다각적인 노력들이 이 시대 문화예술의 새로운 패러다임으로, 이를 통해 함께 즐길 수 있는 한국 민요춤으로 보다 재미있고 친근하게 다가갈 수 있도록 하였습니다.

이 책이 나오기까지 한마음으로 함께해 준 김유나, 이길현, 장이정, 정도이, 홍수정, 김도은, 장민혜 님에게 깊이 감사드립니다.

2025년 여름에
月浪 이미영 돈수재배

차례

1
한국 민요춤 모듈콘텐츠

거북춤 모듈	25
지게춤 모듈	33
논농사춤 모듈	41
멸치후리기춤 모듈	49
길쌈춤 모듈	57
터다지기춤 모듈	65
월월이춤 모듈	73
방아춤 모듈	81
기우제춤 모듈	89
액막이춤 모듈	97
방죽춤 모듈	105
가마춤 모듈	113
서낭치기춤 모듈	121
답교춤 모듈	129
나룻배춤 모듈	137
쇠부리춤 모듈	145
도리깨춤 모듈	153

2
한국 민요을 교육콘텐츠

163	거북토리	"거북아 거북아 뭐하니" "오복주머니에 복을 담자"
197	지게토리	"아리아롱 꽃지팡이를 찾아줘" "지게에 마음을 싣고"
233	씨앗토리	"애들아! 씨앗을 심자" "감정의 씨앗을 심자"
267	멸치토리	"어영차, 황금멸치야" "시간여행을 떠나요"
301	옷토리	"둥당게당 옷을 만들자" "인연의 붉은 실을 따라"
335	집토리	"야호! 집을 짓자" "으라차차, 몸을 깨우자"
369	달토리	"월월이 달맞이 가자" "소원을 담아 달에게 보내자"
403	방아토리	"에야디아 방아를 찧자" "쿵덕쿵덕! 나눔의 방아질하자"

한국 민요춤

 한국 민속놀이

우리의 문화자산으로서 지역적, 문화적, 예술적 요소를 내포하며
민요, 춤, 놀이, 노동, 의식 등을 담고 있는 융복합 문화

선조들은 노동을 하며 가무악을 통해 흥과 신명을 풀어냈고
마을사람들의 공동체의식과 심리적 교감을 형성

▽ ▽ ▽

한국 민요춤

한국 문화의 '커뮤니티스토리(communnitystory)'가 담겨있으며
'로컬리티(locality)'를 대표하는 중요한 창조적 원천

각 지역의 고유한 색채와 공동체적 역사가 짙게 드러나는
한국민속놀이를 바탕으로 탄생

    한국 민요춤은 오랜 세월 동안 우리 민족의 삶과 희로애락이 고스란히 담긴 소리와 노래, 즉 민요에 맞춰 추는 춤으로, 각 지역의 고유한 생활양식과 정서를 품은 몸짓 언어이다. 민요의 리듬에 따라 펼쳐지는 춤사위는 자연스럽고 즉흥적인 움직임 속에 감정과 이야기를 담고 있다. 이는 공동체의 삶과 밀접하게 연관된 민속놀이를 바탕으로 형성된 신체 표현 문화이다.

    한국 민속놀이는 노동, 유희, 의식의 의미가 담겨있으며, 민속놀이가 발생된 산간, 내륙, 바다 등 각 지역의 지리적 환경에 따라 다양한 양식이 내포되어 있다. 이러한 환경을 바탕으로 농업, 어업, 토건, 선박 등 각 지역마다 지역민들이 향유했던 공통된 생활양식을 엿볼 수 있다.

    과거 생활 속의 노동과 여흥이 어우러져 자연스럽게 형성된 춤으로, 지역마다 고유한 민요의 가락과 리듬, 정서가 반영되어 전승되고 있다.

워드 클라우드 (주요 키워드):

소리, 자연, 역사, 생활, 공존, 전통, 문화, 민간, 노동, 반복, 농경, 삶, 예술, 향토민요, 통합, 통속민요, 자연발생, 의식, 몸짓, 터선, 지역춤, 놀이, 일상, 품앗이, 두레, 춤, 지역, 복합, 역사, 생활양식, 민요, 상생, 공동체, 융합, 몸짓언어, 연희, 향토민요, 가치, 삶, 몸짓언어, 유희콘텐츠, 노래, 소통, 발생, 정서표출, 커뮤니티스토리, 민속놀이, 지역춤, 로컬리티, 사회공동체, 지역문화, 공유, 의식주, 상호작용, 공유사회, 전통문화, 향유, 사상, 전통, 삶의방식, 생활공동체, 전승 및 계승, 일체, 지역문화, 지역적특성, 커뮤니티, 놀이, 공유, 한국춤, 한국 춤의 기반, 보존, 놀이와 노동, 크로스오버, 자연발생, 발굴, 사회, 토건

한국 민요춤은 단순한 예술적 표현을 넘어 지역문화의 정체성과 공동체 정신이 살아 있는 문화유산이다. 각 지역의 생활환경과 공동체 특성에 따라 고유한 커뮤니티 스토리를 담고 있으며, 이는 한국 민요춤이 가지는 창조적 원천으로서의 가치를 더욱 두드러지게 한다.

오랜 시간 전승되어온 한국 민요춤은 생활·문화·사회·예술·교육 등 다양한 맥락과 긴밀히 연결되며, 한국인의 삶 속에서 공존하고 진화해온 종합예술이다.

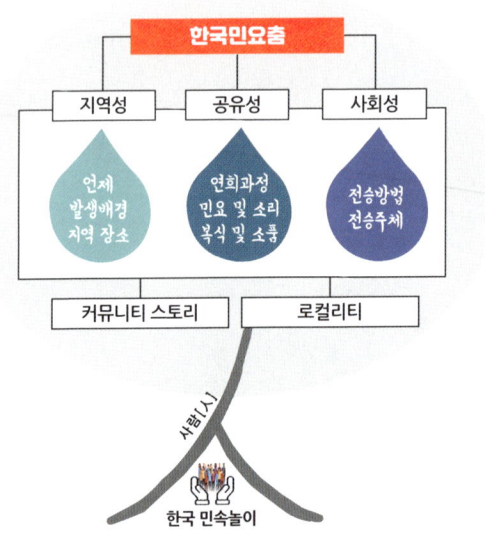

    한국 민요춤은 '민요'라는 대중적 소리문화와 한국 고유의 신체 움직임이 결합된 전통 예술로서 다음과 같은 세 가지 주요 특성을 지닌다.

        지역성 지역의 특정한 문화와 공동체적인 삶의 가치
        공유성 지역의 생활양식을 엿볼 수 있는 움직임
        사회성 지역 간의 사람이 상호작용하는 사회적 구조

    이렇듯 한국 민요춤은 사회 안에서 예술과 함께 향유하고 공존할 수 있는 연결고리인 '커뮤니티 스토리Community Story'가 담겨있는 중요한 역사적 사료이자 문화유산이라 할 수 있다. 그리고 글로벌문화시대 흐름에서 우리 민족의 지역적 '로컬리티Locality'를 대표하는 중요한 창조적 원천이 될 것이다.

'모듈'은 가구나 건물 등을 구성하는 규격화된 최소 단위의 부품을 의미한다. 이 개념을 한국 민요춤에 적용한 '한국 민요춤 모듈'은 민요춤을 구성하는 기본 움직임 단위로서, 한국 민속놀이에 내재된 춤의 요소들을 추출하여 정리한 것이다.

이러한 모듈은 한국 민요춤이 지닌 지역성地域性, 공유성共有性, 사회성社會性의 특징을 바탕으로 구성되며, 민속놀이의 신체 표현 중 반복적으로 등장하거나 공동체적 의미를 갖는 움직임을 중심으로 정의된다. 다시 말해, 한국 민요춤 모듈은 한국 민요춤의 구조를 형성하는 주요 움직임의 단위라 할 수 있다.

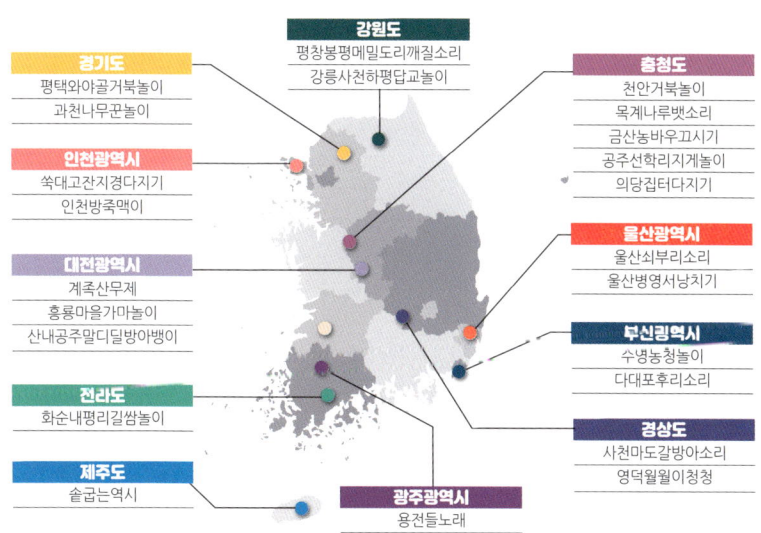

이를 위해 한국민속예술축제에 참가한 작품들 가운데 24개의 민속놀이 사례를 선정하고, 그 속에 포함된 전형적인 동작 요소들을 분석하였다. 이 과정을 통해 총 17개의 '한국 민요춤 모듈'이 도출되었으며, 이는 전통 민속놀이에 내재된 몸짓과 지역 문화를 현대적으로 체계화한 결과물이다.

01	**거북춤 모듈**	천안거북놀이 + 평택와야골거북놀이
02	**지게춤 모듈**	공주선학리지게놀이 + 과천나무꾼놀이
03	**논농사춤 모듈**	용전들노래 + 수영농청놀이
04	**멸치후리기춤 모듈**	다대포후리소리
05	**길쌈춤 모듈**	화순내평리길쌈놀이
06	**터다지기춤 모듈**	의당집터다지기 + 쑥대고잔지경다지기
07	**월월이춤 모듈**	영덕월월이청청
08	**기우제춤 모듈**	금산농바우끄시기 + 계족산무제
09	**액막이춤 모듈**	산내공주말디딜방아뱅이
10	**방죽춤 모듈**	인천방죽맥이
11	**가마춤 모듈**	흥룡마을가마놀이
12	**서낭치기춤 모듈**	울산병영서낭치기
13	**답교춤 모듈**	강릉사천하평답교놀이
14	**나룻배춤 모듈**	목계나루뱃소리
15	**쇠부리춤 모듈**	솥굽는역시 + 울산쇠부리소리
16	**방아춤 모듈**	사천마도갈방아소리
17	**도리깨춤 모듈**	평창봉평메밀도리깨질소리

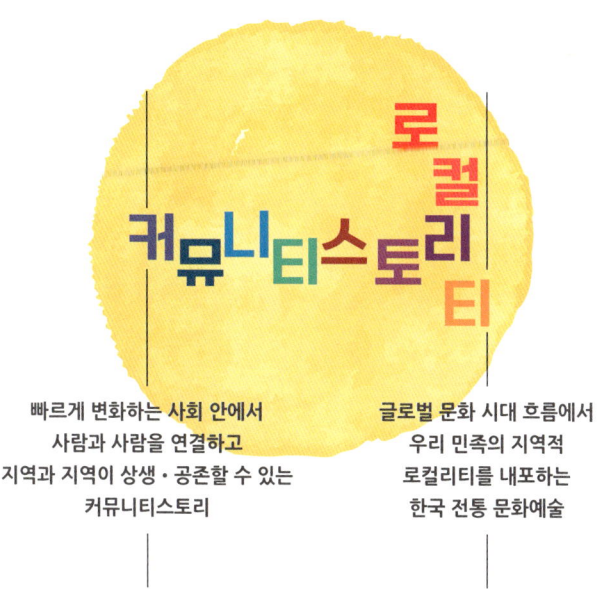

빠르게 변화하는 사회 안에서	글로벌 문화 시대 흐름에서
사람과 사람을 연결하고	우리 민족의 지역적
지역과 지역이 상생·공존할 수 있는	로컬리티를 내포하는
커뮤니티스토리	한국 전통 문화예술

　한국 민요춤은 각 지역의 전통문화를 기반으로 형성된 몸짓 언어로서 이를 현대적으로 조명하고 실천함으로써 지역 전통문화에 대한 관심을 제고하고 문화적 확산을 도모할 수 있다. 특히 각 지역이 보유한 향토 민요의 공동체성 그리고 그에 내재된 고유한 신체 표현을 부각함으로써 한국 민요춤은 단순한 공연예술을 넘어 지역 정체성의 재발견과 문화적 자긍심 고취에 기여한다.

　더불어 한국 민요춤은 대중에게 심리적 안정과 정서적 치유의 기회를 제공하는 예술로서 기능하며 이를 활용한 교육은 정서 함양과 공동체적 감수성 증진을 이끄는 중요한 매개체가 될 수 있다. 이러한 점에서 한국 민요춤은 예술적 가치뿐 아니라 교육적·사회문화적 가치를 함께 지닌 전통문화 콘텐츠로 자리매김할 수 있다.

글로벌 문화예술의 흐름 속에서 한국 민요춤이 지닌 민요·춤·지역성·공동체성의 특성은 전통문화를 현대적으로 재해석하고 널리 확산시키는 데 중요한 역할을 할 수 있다. 한국 민요춤은 단순한 전통 예술을 넘어 지역 정체성과 공동체의 삶을 담은 복합 문화 콘텐츠로서 국제 사회에서도 주목받을 수 있는 잠재력을 지니고 있다.

나아가 한국 민요춤은 예술교육, 공연예술, 창작 콘텐츠 개발 등 다양한 분야에서 활용이 가능하며 이를 통해 전통과 현대, 지역과 세계를 연결하는 문화적 매개체로 기능할 수 있다. 이러한 다각적 확장성은 한국 민요춤이 글로벌 문화 다원주의 시대에 지속 가능한 문화유산으로 자리매김하는 데 중요한 기반이 될 것이다.

〈한국 민요춤 퓨어풀댄스토리〉는 교육 콘텐츠로서 17개의 모듈 중 거북춤, 지게춤, 논농사춤, 멸치후리기춤, 길쌈춤, 터다지기춤, 월월이춤, 방아춤 8개의 콘텐츠를 개발하였다.

과거 우리 고유의 생활양식과 삶의 지혜가 담겨있는 한국 민요춤과 오늘날 문화 안에 녹여 있는 순수하고 퓨어한 아름다운 이야기를 온라인과 오프라인의 융합된 All-Line 방식으로 '한국 민요춤 퓨어풀댄스토리' 문화예술 콘텐츠를 구성하였다.

한국 민요춤 교육콘텐츠

본 〈한국 민요춤 퓨어풀댄스토리〉는 17개의 한국 민요춤 모듈 콘텐츠를 구축한 내용과 이를 기반으로 8가지의 한국 민요춤 교육콘텐츠를 개발한 내용으로 구성되었다.

 | 깨끗하고 순수함의 의미인 'PURE'
가득 차고 충만함의 의미인 'FULL'
춤을 뜻하는 'DANCE'
토리를 상징하는 'STORY'

한국 민요춤 퓨어풀댄스토리는 한국 민속놀이를 기반으로 탄생한 한국 민요춤과 다중지능이론이 만나 다양한 특성을 지닌 콘텐츠로 개발되었다.

한국 민요춤 퓨어풀댄스토리는 역사, 문화, 놀이 춤, 음악, 미술 등의 융복합적 요소로 구성된 한국 민요춤과 하워드 가드너Howard Gardner의 다중지능이론을 결합한 문화예술콘텐츠이다.

본 콘텐츠는 교육콘텐츠의 필수적인 요인인 교육방법, 교육내용, 교육과정 등 전반적인 환경을 분석하였으며, 블룸Bloom의 교육목표분류학에 근거하여 각 지역에 분포된 민속놀이 중 학습자의 특성에 적합한 인지적·심동적·정의적 영역으로 교수 목표를 설정하였다. 이를 바탕으로 민요춤 모듈로 추출하여 교육콘텐츠로 개발하였다.

"퓨어풀댄스토리"는 유아, 노인 등 대상의 특성에 따라 인지적, 정의적, 심동적 확장을 교육목표로 한다.

PUREFULL 수업체계

Preparation	교육내용	한국 민요춤		
	교수방법	블랜디드 러닝·플립 러닝		
User	대상	유아, 성인, 노인 등 다양한 연령		
Relevance	교수목표	인지적	심동적	정의적
	다중지능이론	논리 언어 탐구 춤, 이야기	신체 음악 공간	대인관계 자연 가치발견
	한국 민요춤	춤, 디자인 춤, 미디어	춤, 이미지 춤, 민요	춤, 메시지

Evaluation	프로그램 구성단계			
	Figure out	**U**nique	**L**earning	**L**istening
	디지털 매체를 통한 한국 민요춤 스토리텔링	함께 만드는 우리만의 한국 민요춤	놀이를 통한 춤과 민요 배워보기	피드백 및 평가

ALL-LINE SYSTEM

On-Line	Off-Line	
도입	전개	마무리
춤, 이야기 춤, 미디어	춤, 이미지 춤, 디자인 춤, 미디어 춤, 민요	춤, 메시지

　　퓨어풀댄스토리는 디지털 미디어 기술을 활용하여 온·오프라인으로 체험할 수 있는 All-Line의 형식으로 이루어진다. '블랜디드 러닝'과 '플립 러닝' 교육형식 모두 온·오프라인 교육의 장점을 활용하여 학습효과를 극대화하는 것을 목적으로 한다. 변화하는 시대에 맞는 새로운 교육의 형태로서 On-Line '춤, 이야기·미디어(동기 유발하기)'와 Off-Line '춤 이미지(표현하기)', '춤, 디자인(만들기)', '춤, 미디어(공유하기)', '춤, 민요(체험하기)', '춤, 메시지(생각 나누기)'의 영역으로 확대하고자 한다.

6가지 자극 요소

촉각적 자극　　상상력 자극　　신체적 자극　　호기심 자극　　청각적 자극　　시각적 자극

　　퓨어풀댄스토리를 통해 6가지의 자극을 도모하여 현시대에 맞는 콘텐츠로 확장한다. 따라서 모든 교육 프로그램은 사전영상과 본 프로그램이 함께 구성되며 수업형식은 교사가 자유롭게 수정·변경할 수 있다.

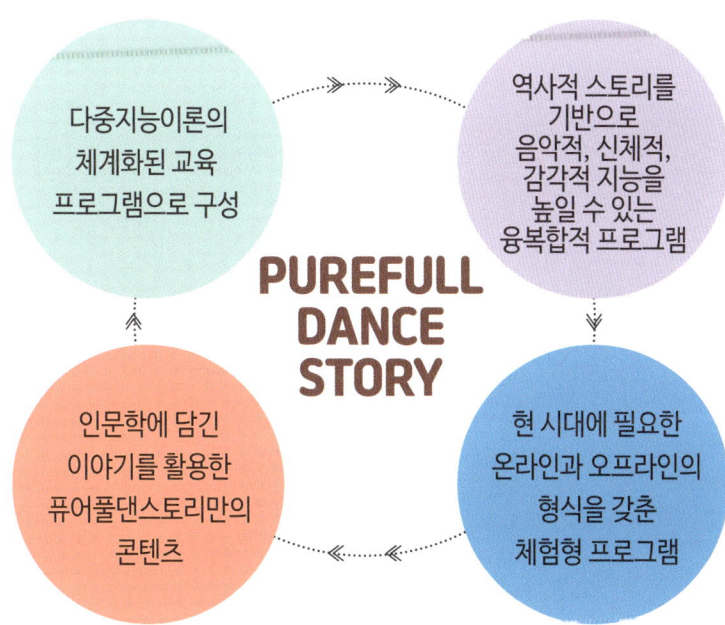

퓨어풀댄스토리는 인문학이 담긴 이야기를 통해 음악적, 신체적, 감각적 지능을 높일 수 있는 융복합형 예술교육으로 온라인과 오프라인을 아우르는 미래지향적 K-Culture Art 프로그램이다.

1
한국 민요춤
모듈콘텐츠

김홍도 필〈단원 풍속도첩〉중〈우물가〉| 국립중앙박물관 e뮤지엄 소장

거북춤 모듈

거북춤 모듈이 어떻게 생겨났을까요?

평택와야골거북놀이

언제   주로 한가위 때 행해진다.

발생 배경   평택와야골거북놀이는 고려 현종 때, 신라 문무왕이 거북탈을 쓰고 놀게 했다는 유래에 기반을 두고 있다. 또한 20개의 마을에서 함께 전승되어왔으며 주로 와야골(현재 노와리) 지역에서 행해지고 있다. 이는 마을의 무병장수를 기원하고 악귀를 쫓기 위한 지신밟기 형태의 놀이이자 마을의 액을 쫓고 복을 불러들이는 벽사진경을 위한 생활 풍습이다.

지역장소   경기도 평택시 팽성읍 노와리

연희과정   거북옷 만들기 – 길놀이 – 장승굿 – 수문장굿 – 용왕굿 – 터주굿 – 조왕굿 – 대청굿 – 마당굿 – 동네뒷놀이

평택와야골거북놀이 연희과장

거북옷 만들기 ⇨

길놀이 ⇨

장승굿 + 수문장굿

용왕굿 ⇨

터주굿 ⇨

마당굿 ⇨

동네뒷놀이

천안거북놀이

언제	주로 한가위 때 행해진다.
발생 배경	천안거북놀이는 고려 현종 시대부터 시작된 민속놀이이다. 흉년이 계속 되던 때에 천안에 머무르던 왕의 꿈 속에서 신라 문무왕이 거북이의 형상을 닮은 천안군 입장면 구덕리에 조정 대신을 보내 백성들과 거북놀이를 하게 한 것으로부터 유래가 되었다.
지역장소	충청남도 천안시 서북구 입장면 신덕리
연희과정	길놀이 - 장승굿 - 우물굿 - 터주굿 - 대청굿 - 마당거북놀이

천안거북놀이 연희과장

길놀이 ⇨ 장승굿 (집안 마당에 들어가기 전 장승에게 인사하고 고사담을 함) ⇨ 우물굿

터주굿 ⇨ 대청굿 ⇨ 마당거북놀이

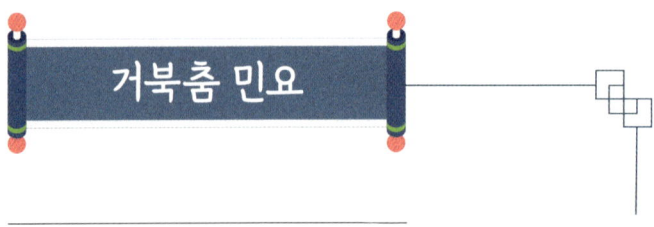

거북춤 민요

평택와야골거북놀이

민요 및 소리　　삼채장단(자진모리형)

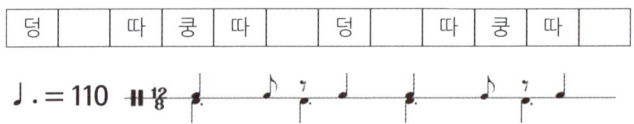

거북 거북 놀아라 어라 영차 놀아라　/　거북 거북 놀아라 어라 영차 놀아라
놀아 놀아 놀아라 어라 영차 놀아라　/　거북 거북 놀아라 어라 영차 놀아라
이 집에 사는 사람들 만수무강하시오　/　거북 거북 놀아라 어라 영차 놀아라
천석 거북도 놀고 만석 거북도 놀아라　/　거북 거북 놀아라 어라 영차 놀아라
- 중략 -

천안거북놀이

민요 및 소리　　삼채장단(자진모리형)

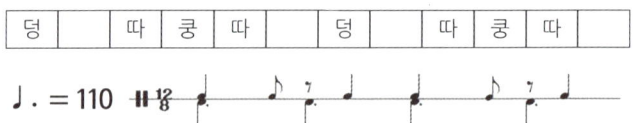

놀아 놀아 놀아라 어영영차 놀아라　/　놀아 놀아 놀아라 어영영차 놀아라
백석 거북도 놀고 천석 거북도 놀고　/　놀아 놀아 놀아라 어영영차 놀아라
놀아 놀아 놀아라 어영영차 놀아라　/　놀아 놀아 놀아라 어영영차 놀아라
천석 거북도 놀고 만석 거북도 놀고　/　놀아 놀아 놀아라 어영영차 놀아라
- 중략 -

거북춤 모듈의 탄생 배경

평택와야골거북놀이와 천안거북놀이를 바탕으로 '**거북춤 모듈**'이 생겨났다.
거북놀이는 과거 전국의 물줄기가 흐르는 평야 지역에서 행해졌던 마을 풍습이자 민속놀이다. 예부터 민간신앙과 불로장생不老長生을 상징하는 열 가지의 사물 중 하나인 거북은 옛 선조들로부터 무병장수를 의미하는 상징적인 동물임을 알 수 있다. 이러한 거북은 마을의 안녕과 한해의 풍년을 기원하는 매개체였다.
평택와야골거북놀이과 천안거북놀이에서 공통적으로 볼 수 있는 거북의 다양한 움직임을 추출하여 **거북춤 모듈**이 탄생하였다.

거북춤 모듈

거북춤 모듈의 구성

'거북춤 모듈'은 평택와야골거북놀이와 천안거북놀이를 통해 다섯 단계의 진행구성(길놀이, 우물굿, 마을놀이, 집굿, 마당놀이)을 바탕으로 구성하여 거북의 움직임을 형상화하였다. 거북놀이 안에 담겨있는 거북이의 움직임인 거북이가 기어가는 움직임, 거북이의 목 움직임, 거북이가 헤엄치는 움직임, 지신을 밟는 발의 움직임을 추출하여 **거북춤 모듈**을 구성하였다.

고개 내밀기
거북이가 목을 뺀 모습으로 고개를 앞으로 내민다.

⇩

기어가기1
거북이가 이동하는 모습을 형상화하여
제자리에서 좌우로 무게중심을 옮긴다.

⇩

뒤엎어지기
거북이가 뒤집어지고 엎어지는 모습을 형상화한다.

⇩

기어가기2
거북이가 기어가듯 팔꿈치를 원으로 그리며 돌린다.

⇩

헤엄치기
거북이가 물속에서 헤엄치듯
두 팔과 발을 작게, 크게 원으로 돌린다.

김홍도 필〈단원 풍속도첩〉중〈고누놀이〉| 국립중앙박물관 e뮤지엄 소장

지게춤 모듈

지게춤 모듈이 어떻게 생겨났을까요?

공주선학리지게놀이

언제 주로 농사일과 일상생활에 필수적 운반 도구인 지게를 사용할 때 행해진다.

발생 배경 공주선학리지게놀이는 자연발생적인 놀이로 농번기가 지나고 나무나 풀을 베러 다닐 때 무료함을 달래기 위해 즐긴 것에서 유래되었다. 이는 공주시 선학리 마을의 산간지역 특성상 지게를 운반도구로 사용된 점에서 착안하여 형성된 놀이이다. 즉, 지게를 지고 이동해야 하는 힘든 농사일을 좀 더 즐겁게 하자는 의도에서 놀이가 발생되었다.

지역장소 충청남도 공주시 신풍면 선학리

연희과정 지게상여놀이 – 지게풍장 – 지게걸음마 –작대기걸음마 – 지게썰매 – 지게장단노래 – 지게지네발놀이 – 지게힘자랑– 지게꽃나비- 작대기싸움 – 지게짝대기고누기- 신세타령

공주선학리지게놀이 연희과장

지게상여놀이 ⇨ 지게풍장 ⇨ 지게걸음마+작대기걸음마

땔나무를 하러 다녔던 겨울철 청소년들이 얼음판 위에서 하던 놀이

지게에 세 명을 태운 다음 장정이 짊어지는 것으로 승부를 겨루는 방식

지게썰매 ⇨ 지게장단노래 ⇨ 지게지네발놀이 ⇨ 지게힘자랑

마을 사람들이 흥겹게 노는 백중날 쉬지 못하고 들에서 돌아오는 농사꾼의 신세 한탄소리

지게꽃나비 ⇨ 작대기싸움 ⇨ 지게짝대기고누기   신세타령

과천나무꾼놀이

언제	주로 땔나무를 사용하는 겨울철에 행해진다.
발생 배경	과천나무꾼놀이는 농지가 협소하고 토질이 척박한 과천 지역에서 행해졌다. 과천 지역은 논농사를 하기에 부적합하여 논농사보다 인근 관악산과 청계산의 땔나무를 서울에 내다 파는 것을 주요 생업으로 삼았다. 나무를 팔아 생계를 유지하고 나무를 하다 무료함을 달래기 위해 지게를 가지고 노는 나무꾼들의 삶을 놀이화한 것이다.
지역 장소	경기도 과천시 문원동
연희과정	입장인사 – 산으로가기 – 나무하기 – 풀피리불기 – 놀이마당(지게작대기타기, 장치기, 지게다리밟기, 지게상여놀음, 지게탑쌓기, 지게무동놀이) – 나무짐엮기 – 나무짐팔러가기

과천나무꾼놀이 연희과장

지게춤 민요

공주선학리지게놀이

민요 및 소리　　세마치장단

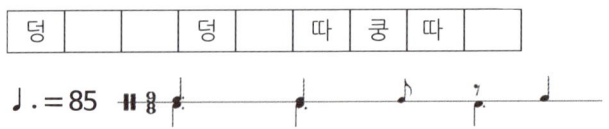

아리아롱 쓰리쓰롱 아라리요　/ 아리랑 고개로 날 넘겨주게
아주까리 산초동백 여지를 마라　/ 산골에 큰애기 다 놀아난다
충청도 공주는 백제고도　/ 그 숨결 금강처럼 흘러가네
아리랑 고개는 열두고개　/ 우금치 고개는 눈물고개
- 중략 -

과천나무꾼놀이

민요 및 소리　　중모리장단(세마치형)

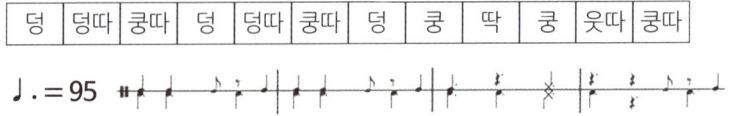

오호오 오호오　　　/ 오호오 오호오
자리 늙어 늙어지면　/ 오호오 오호오
날이 오고 세월오나　/ 오호오 오호오
나는 간다네 깊고지나　/ 오호오 오호오
- 중략 -

지게춤 모듈의 탄생 배경

공주선학리지게놀이와 과천나무꾼놀이를 바탕으로 '**지게춤 모듈**'이 생겨났다.

공주선학리지게놀이와 과천나무꾼놀이는 과거 지게꾼들이 나무나 풀을 베러 다니는 힘든 노동의 무료함을 달래기 위한 민속놀이이다. 지게꾼들이 사용했던 지게는 짐을 얹어 운반하는 도구로 주로 산간 지역에서 사용하는 것이 특징이다. 이와 같은 지게를 활용한 두 개의 지게놀이에서는 상여를 표현하거나 지게 위에 올라가서 마치 아이가 걸음마하듯이 걷는 지게걸음마놀이 등을 볼 수 있다.

공주선학리지게놀이와 과천나무꾼놀이에서 공통적으로 볼 수 있는 지게의 형태와 지게를 활용한 다양한 몸짓을 추출하여 **지게춤 모듈**이 탄생하였다.

지게춤 모듈

지게춤 모듈의 구성

'지게춤 모듈'은 공주선학리지게놀이와 과천나무꾼놀이를 통해 네 개의 놀이를 바탕으로 추출하였다. 지게놀이 안에 담겨 있는 지게꾼들의 놀이 중 지게로 상여를 형상화하여 상여가 나가는 몸짓, 흥을 돋우기 위해 지게 작대기를 치는 몸짓, 지게 위로 올라가 지게를 밟는 몸짓, 지게 위에 올라가 양발로 걸음마 하는 듯한 몸짓을 추출하여 **지게춤 모듈**을 구성하였다.

지게 지기
양 팔을 어깨 뒤로 올려 지게를 진 모습을 형상화한다.

상여 나가기
지게꾼이 상여를 지고 걷는 것처럼 한 발씩 옆으로 딛은 후, 복숭아뼈에 붙이고 제자리에 내려놓는다.

지게 작대기 치기
두 팔을 지게작대기 치듯이 엇갈리면서 무릎을 치고 박수를 친다.

지게 밟기
지게를 밟는 것처럼 같은 발, 같은 손이 한 발씩 두 번 나갔다가 다시 제자리로 돌아온다.

지게 걸음마 하기
마치 작대기를 든 것처럼 양손을 주먹 쥐고 지게 위에 올라타서 걸음마를 하듯 제자리걸음을 한다.

나뭇잎 털기
지게꾼이 몸에 붙은 나뭇잎 혹은 나뭇가지를 털어낸다.

김홍도 필 〈단원 풍속도첩〉 중 〈논갈이〉 | 국립중앙박물관 e뮤지엄 소장

논농사춤 모듈

논농사춤 모듈이
어떻게 생겨났을까요?

용전들노래

언제	주로 논농사를 할 때 행해진다.
발생 배경	용전들노래는 논농사를 할 때 몸의 고단함과 피로감을 줄이고 일의 효율성을 높이기 위해 두레나 품앗이 등 집단으로 노래를 부르며 행해졌다.
지역장소	광주광역시 북구 용전동
연희과정	모판만들기 - 모찌기 - 모심기 - 초벌논매기 - 두벌매기 - 만드리 - 논두렁노래 - 장원질

용전들노래 연희과장

모판만들기 ⇨ 모찌기 ⇨ 모심기 ⇨ 초벌논매기

두벌매기 ⇨ 만드리 ⇨ 논두렁노래 ⇨ 장원질

수영농청놀이

언제	주로 농부들이 농청農廳을 조직하여 집단으로 논농사를 지을 때 행해진다.
발생 배경	수영농청놀이는 과거 반농반어半農半漁 즉, 농사와 어업을 병행하는 지리적 특성과 생업의 형태에 따라 행해졌다. 이러한 지리적 특성과 생업의 형태에 따라 탈놀이의 일종인 수영야류, 바닷가에서 어부들이 큰 그물로 고기를 잡으며 노래를 부르는 좌수영어방놀이와 함께 수영농청놀이가 발생되었다.
지역장소	부산광역시 수영구
연희과정	풀내기 - 가래소리 - 모찌기소리 - 모심기소리 - 도리깨타작소리 - 김매기소리 - 소싸움 - 칭칭소리

수영농청놀이 연희과장

풀내기 ⇨ 가래소리 ⇨ 모찌기소리 ⇨ 모심기소리

도리깨타작소리 ⇨ 김매기소리 ⇨ 소싸움 ⇨ 칭칭소리

용전들노래

민요 및 소리 자진모리장단

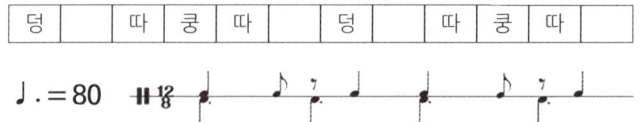

아하 아하 떨아지 떨아 / 아하 아하 떨아지 떨아
멸치 잡고서 떨아지 떨아 / 아하 아하 떨아지 떨아
우리 농촌도 떨아지 떨아 / 아하 아하 떨아지 떨아
비 몰아온다고 떨아지 떨아 / 아하 아하 떨아지 떨아
- 중략 -

수영농청놀이

민요 및 소리 삼채장단(자진모리형)

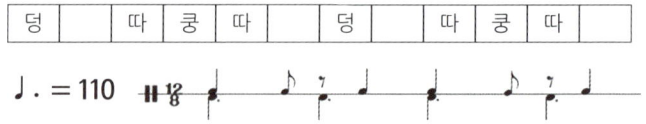

치기나 칭칭 나아네 / 치기나 칭칭 나아네
하늘에는 별도 많고 / 치기나 칭칭 나아네
운다 운다 닭이 운다 / 치기나 칭칭 나아네
동방이 밝아온다 / 치기나 칭칭 나아네
- 중략 -

논농사춤 모듈의 탄생배경

용전들노래와 수영농청놀이를 바탕으로 '**논농사춤 모듈**'이 생겨났다.
용전들노래는 힘든 논농사 작업의 피로감을 줄이고 일의 효율성을 높이기 위해 여럿이 함께 노래와 춤을 추면서 행해졌다. 수영농청놀이는 농부들이 농청을 조직하여 집단으로 농사짓던 모습을 놀이화하였다.
광주 용전들노래와 부산 수영농청놀이에서 공통적으로 볼 수 있는 농사 과정의 몸짓을 추출하여 **논농사춤 모듈**이 탄생하였다.

논농사춤 모듈

● 광주광역시 북구   ● 부산광역시 수영구

논농사춤 모듈의 구성

'논농사춤 모듈'은 용전들노래, 수영농청놀이의 노동과정을 바탕으로 움직임을 추출하였다. 논농사를 하기 위해 땅을 고르는 몸짓, 가래질하는 몸짓, 모를 찌는 몸짓, 김매기를 하는 몸짓을 추출하여 **논농사춤 모듈**을 구성하였다.

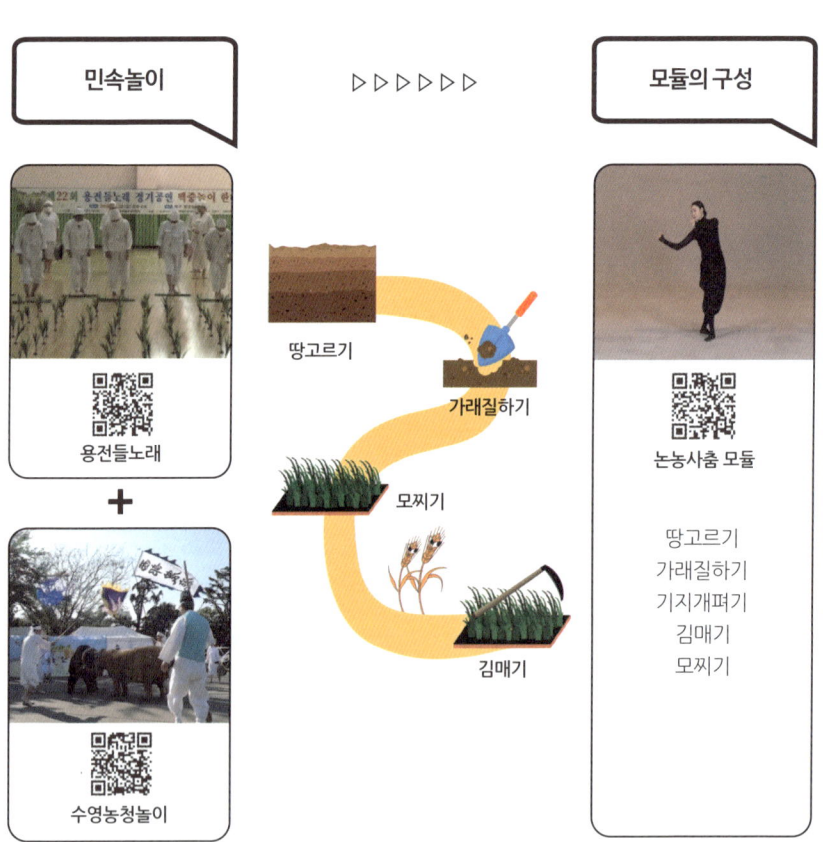

땅고르기
농사하기 전 땅을 고르듯이
앉아서 바닥에 한 손씩 번갈아 큰 원을 그린다.

⇩

가래질하기
바닥에 앉아서 가래질을 하듯이
한 손씩 번갈아 땅을 간다.

⇩

기지개펴기
힘든 노동 후 기지개를 펴듯이 허리를 뒤로 젖힌다.

⇩

김매기
잡초를 뽑듯이 허리를 숙여 한 손을 아래로 내린다.

⇩

모찌기
모찌기를 하듯이 두 팔을 가슴 앞으로 뻗으며
한 발을 들었다가 내린다.

김홍도 필 《단원 풍속도첩》 중 〈고기잡이〉 | 국립중앙박물관 e뮤지엄 소장

멸치후리기춤 모듈

멸치후리기춤 모듈이
어떻게 생겨났을까요?

다대포후리소리

언제	주로 어부들이 멸치를 잡는 후리질을 할 때 행해진다.
발생 배경	부산광역시 사하구 다대포 지역은 멸치의 먹이인 부유생물이 많아서 멸치잡이가 발달하였다. 멸치는 떼를 지어 다니기 때문에 큰 그물을 쓰는 집단 고기잡이가 유리했으며, 마을 사람들이 모두 함께 멸치를 후리며 노동의 피로를 덜고 흥을 돋우기 위해 행해졌다.
지역장소	부산광역시 사하구 다대동
연희과정	당산제 – 배에 그물 싣는 소리 – 풍어기원 용왕제 – 고깃배 노젓는 소리 – 벼릿줄 후리소리 – 그물 터는 소리 – 가래소리 – 풍어소리

다대포후리소리 연희과장

당산제 ⇨ 배에 그물 싣는 소리 ⇨ 풍어기원 용왕제 ⇨ 고깃배 노젓는 소리

벼릿줄 후리소리 ⇨ 그물 터는 소리 ⇨ 가래소리 ⇨ 풍어소리

다대포후리소리

민요 및 소리   덧배기장단(굿거리형)

어기여차 당겨라 주소	/	어기여차 당겨라 주소
용왕님 은덕으로	/	어기여차 당겨라 주소
메러치 풍년이 돌아왔네	/	어기여차 당겨라 주소
산은 첩첩천봉이요	/	어기여차 당겨라 주소

- 중략 -

멸치후리기춤 모듈의 탄생배경

부산 다대포소리를 바탕으로 '**멸치후리기춤 모듈**'이 생겨났다.

부산 다대포 지역에서는 어로 철이 되면 해질 무렵 야망대에서 멸치가 몰려드는 기미를 알아차린 마을 사람들이 그물을 가지고 바다로 나갔다. 부산 다대포후리소리에서는 어부가 그물을 배에 싣는 행위, 바다에 그물을 내리는 행위, 그물에 걸리는 멸치를 터는 행위와 같이 힘든 노동을 흥으로 표현하는 등의 모습을 볼 수 있다.

부산 다대포후리소리에서 볼 수 있는 그물로 멸치를 잡는 다양한 몸짓을 추출하여 **멸치후리기춤 모듈**이 탄생하였다.

멸치후리기춤 모듈

멸치후리기춤 모듈의 구성

'멸치후리기춤 모듈'은 다대포후리소리의 과장과 멸치를 형상화하는 몸짓을 추출하여 구성하였다. 그물을 바다에 던지는 몸짓, 그물을 당기는 몸짓, 멸치가 그물 위로 튀어오르는 듯한 몸짓, 멸치가 바다에서 헤엄치는 몸짓 등을 추출하여 **멸치후리기춤 모듈**이 탄생되었다.

그물 당기기
그물을 당기듯이 팔을 번갈아 당기며 뒤로 물러난다.

⇩

그물던지기
그물을 바다에 던지는 것처럼 두 팔을 위로 뿌려 던진다.

⇩

멸치 표현하기1
멸치가 그물 위로 튀어 올랐다가 내려오듯이
한 손을 들어 흔든 후 내린다.

⇩

멸치 표현하기2
멸치가 바다에서 헤엄치는 것처럼
양팔을 앞뒤로 들어 손목을 흔든다.

⇩

후리질하기
후리질하며 그물을 가운데로 모으듯이
상체를 허리와 함께 숙이면서 두 팔을 크게 돌린다.

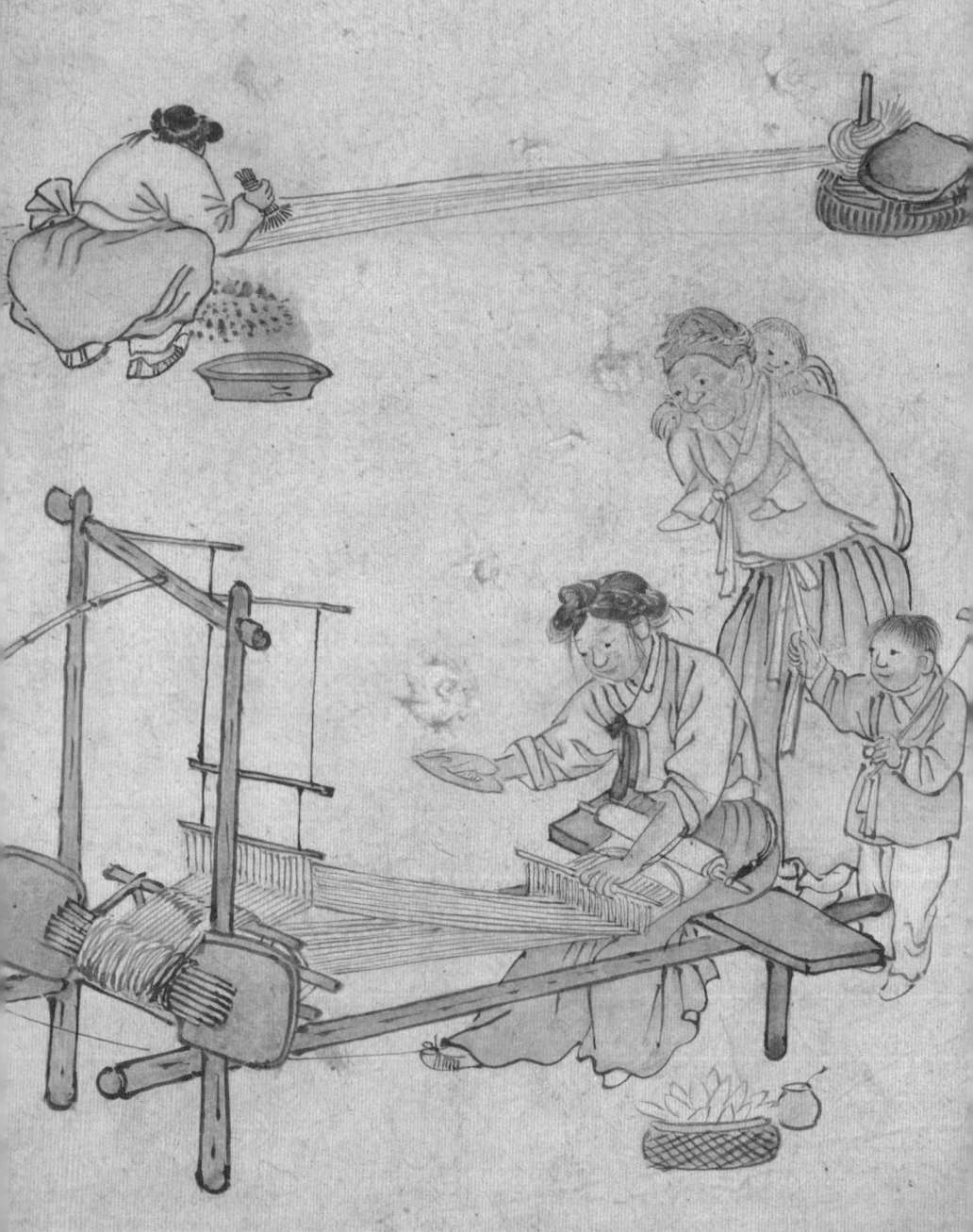

김홍도 필〈단원 풍속도첩〉 중 〈길쌈〉 | 국립중앙박물관 e뮤지엄 소장

길쌈춤 모듈

길쌈춤 모듈이
어떻게 생겨났을까요?

화순내평리길쌈놀이

언제	주로 여성들의 공동작업으로 옷감을 짜면서 행해진다.
발생 배경	과거 여성들 삶에서 가장 큰 비중을 차지하는 작업으로써 목화에서 솜을 뽑아 물레에 돌려 실을 뽑고 베틀에서 옷감을 만드는 길쌈이 발달하였다. 작업의 지루함을 잊기 위해 마을 여성들이 길쌈 문화를 형성하였다.
지역장소	전라남도 화순군 화순읍 내평리
연희과정	입장 – 파종 – 김매기 – 명따기 – 물레돌리기 – 베짜기 – 마무리

**화순내평리
길쌈놀이 연희과장**

입장 ⇨ 파종 ⇨ 김매기

명따기 ⇨ 물레돌리기 ⇨ 베짜기 ⇨ 마무리

길쌈춤 민요

화순내평리길쌈놀이

민요 및 소리 자진모리 장단

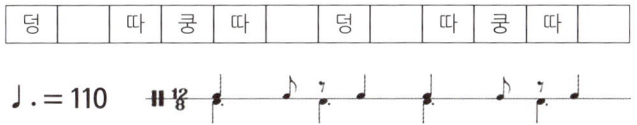

둥당게당 둥당게당 당게 둥당게 둥당게당
둥당게당 둥당게당 당게 둥당게 둥당게당
둥당게 타령을 누가 냈냐 건방진 큰 애기 네가 냈네
둥당게당 둥당게당 당게 둥당게 둥당게당
- 중략 -

길쌈춤 모듈의 탄생배경

전남 화순내평리길쌈놀이를 바탕으로 '**길쌈춤 모듈**'이 생겨났다.

길쌈놀이는 마을 여성들이 함께 옷감을 만드는 공동작업으로 시집살이, 물레질, 베 짜는 노래를 하며 서로의 삶에 대한 환희와 상처들을 공유하는 작업이다. 이러한 긴 시간 동안 이루어지는 작업의 지루함을 달래기 위해 길쌈노래를 부르는 모습을 볼 수 있다. 전남 화순내평리길쌈놀이에서 볼 수 있는 길쌈을 하는 작업의 몸짓을 추출하여 **길쌈춤 모듈**이 탄생하였다.

길쌈춤 모듈

길쌈춤 모듈의 구성

'길쌈춤 모듈'은 화순내평리길쌈놀이의 노동과정을 바탕으로 몸짓을 추출하였다. 파종과 김매기를 하는 몸짓, 목화솜을 뽑는 명따기의 몸짓, 물레를 돌리고 베를 짜는 몸짓, 천을 다듬이질하는 몸짓을 추출하여 **길쌈춤 모듈**을 구성하였다.

민속놀이 ▷▷▷▷▷▷ 모듈의 구성

화순내평리길쌈놀이

파종하기
김매기
명따기
물레돌리기
베짜기
다듬이질하기

길쌈춤 모듈

파종하기
김매기
명따기
물레돌리기
베짜기
다듬이질하기

파종하기
목화씨를 심는 것처럼 한 손을 받쳐 들고
위에서 아래로 내리면서 파종을 한다.

김매기
김을 매는 것처럼 한 손은 주먹을 쥐고
다른 한 손은 비스듬히 내리친다.

명따기
목화꽃에서 솜을 뽑듯이 한 팔을 천천히 뒤로 당긴다.

물레돌리기
물레를 돌리듯이 한 팔로 원을 그리며 돈다.

베짜기
베틀을 짜듯이 앞·뒤·좌·우로 양팔과 양발을 교차한다.

다듬이질하기
완성된 천을 다듬이질하듯이 무릎을 치며 띈다.

김홍도 필 《단원 풍속도첩》 중 〈기와이기〉 | 국립중앙박물관 e뮤지엄 소장

터다지기춤
모듈

터다지기춤 모듈이
어떻게 생겨났을까요?

의당집터다지기

언제	주로 목조주택, 성곽의 축조 등의 작업을 할 때 행해진다.
발생 배경	의당집터다지기는 집을 짓기 전에 집터를 다지는 것으로 땅을 다지는 노동과 함께 땅의 신에게 드리는 대한 숭배와 같은 제례 행위였다. 사람과 신과 땅이 하나 되어 집터다지기라는 소리와 몸짓의 결실로 생활과 신앙이 하나되는 과정이자 축제였다.
지역장소	충청남도 공주시 의당면
연희과정	터고르기 – 집터다지기 – 터주고사 – 벌다지기 – 주추다지기 – 뜰자리다지기 – 쉬는 마당

의당집터다지기 연희과장

터고르기 ⇨

집터다지기 ⇨

터주고사

벌다지기 ⇨

주추다지기 ⇨

뜰자리다지기 ⇨ 쉬는 마당

쑥대고잔지경다지기

언제	주로 집을 짓기 전 집터다지기를 할 때 행해진다.
발생 배경	쑥대고잔지경다지기는 동네 사람들이 서로의 집터를 다져주는 상호 협력적 노동인 동시에 새로운 집터에 대한 재앙을 쫓고 축복을 기원하는 의식에서 발생되었다.
지역장소	인천광역시 서구
연희과정	터고사 – 가래질소리 – 지경다지기소리 – 아낙네 소리마당 – 방아소리 – 신명풀이

쑥대고잔지경다지기 연희과장

터고사 ⇒ 가래질소리 ⇒ 지경다지기소리

아낙네 소리마당 ⇒ 방아소리 ⇒ 신명풀이

터다지기춤 민요

의당집터다지기

민요 및 소리   굿거리장단

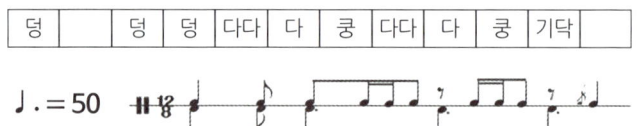

| 덩 | | 덩 | 덩 | 다다 | 다 | 쿵 | 다다 | 다 | 쿵 | 기닥 | |

♩. = 50

어-허 지달묘 어-허 지달묘   / 어-허 지달묘 어-허 지달묘
동서남북 네방위에 너름주추 놓았으니 / 동방의 주추 밑엔 금두꺼비 들어있고
남방의 주추 밑엔 총각 한 쌍 들었으니 / 학의 날개 다칠소냐 가만가만히 지달묘
서방의 주추 밑에 처녀 한 쌍 들었으니 / 학의 날개 다칠소냐 지근지근 지달묘
- 중략 -

쑥대고잔지경다지기

민요 및 소리   굿거리장단

| 덩 | | 덩 | 덩 | 다다 | 다 | 쿵 | 다다 | 다 | 쿵 | 기닥 | |

♩. = 45

에혀라 지갱이야   / 에혀라 지갱이야
가둬 두세 가둬다 두세 / 에혀라 지갱이야
익년 가을 살피어보니   / 에혀라 지갱이야
에혀라 지갱이야   / 에혀라 지갱이야
- 중략 -

터다지기춤 모듈의 탄생 배경

의당집터다지기와 쑥대고잔지경다지기를 바탕으로 '**터다지기춤 모듈**'이 생겨났다. 터다지기는 집을 짓기 전에 땅을 고르고 다지며 마을 사람들 간에 서로 품앗이를 하는 의미로 이루어졌다. 이는 인간과 땅이 조화가 되는 상징적인 행위로 여겨졌다. 의당집터다지기와 쑥대고잔지경다지기에서 공통적으로 볼 수 있는 집을 짓기 전에 땅을 다지는 몸짓을 추출하여 **터다지기춤 모듈**이 탄생하였다.

터다지기춤 모듈

터다지기춤 모듈의 구성

'터다지기춤 모듈'은 의당집터다지기와 쑥대고잔지경다지기의 과장에서 추출하였다. 터를 고르는 몸짓, 땅을 다지는 몸짓, 가래질하는 몸짓, 주춧돌로 다지는 몸짓을 추출하여 **터다지기춤 모듈**을 구성하였다.

땅고르기
앉아서 땅을 고르듯이 양손으로 바닥을 두드린다.

⇩

집터다지기
집터를 다지듯이 두발걸음 뛰어나와 제자리에서 뛴다.

⇩

가래질하기
가래질하듯이 두 손으로 흙을 퍼올린다.

⇩

주추다지기1
주춧돌의 줄끈을 당기듯이 뒷걸음하며
작게 원을 그리며 돈다.

⇩

주추다지기2
주춧돌 위에서 뛰듯이 양팔을 위로 들어 높게 뛴다.

월월이춤 모듈

월월이춤 모듈이
어떻게 생겨났을까요?

영덕월월이청청

언제	주로 정월 대보름에 행해진다.
발생 배경	월월이청청은 옛날부터 왜구가 자주 침범했고 특히 임진왜란 때 왜정 가토가 지나간 영덕에서 행해졌으며 현지에서는 '월월이청정'이라 쓴다. 또한 밝은 달밤에 논다고 하여 '월월이청청'이라 쓰기도 한다.
지역장소	경상북도 영덕군 영덕읍 노물리
연희과정	월월이청청 – 달넘세 – 동애따기 – 절구세 – 대문열기 – 재밟기 – 실꾸리 감고 풀기

영덕월월이청청 연희과장

월월이청청

달넘세

맨 앞사람이 상대편의 꼬리를 잡고 따서 자기편으로 만듦
동애따기

절구세

대문열기

재밟기

실꾸리 감고 풀기

월월이춤 민요

영덕월월이청청

민요 및 소리   자진모리 장단

메기는 장단

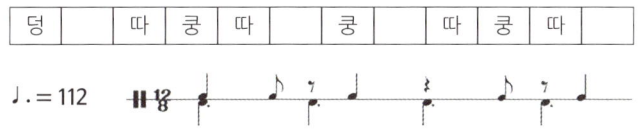

받는 장단

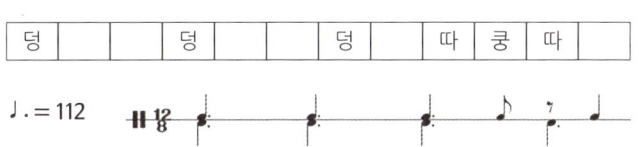

금상비단 외기낭게 월워리청청 / 뿌리없는 낭굴숭거 월월리청청
서울에라 올라가니 월워리청청 / 해캉달캉 열렸드라 월워리청청
헬라깎아 겉세우고 월워리청청 / 달라깎아 안세우고 월워리청청
올라가는 구관행차 월워리청청 / 니러오는 신관행차 월워리청청
- 중략 -

월월이춤 모듈의 탄생 배경

영덕월월이청청을 바탕으로 '**월월이춤 모듈**'이 생겨났다.
영덕월월이청청의 '월'은 '넘을 월越'로 달의 순환, 여성의 생리 주기의 의미를 뜻한다. 여성의 집단 원무의 형태가 주를 이루며 특히 여성을 상징하는 음의 기운을 달의 상징성과 원형의 순환구조로 연관지었다.
영덕월월이청청에서 볼 수 있는 여성의 집단 원무 형태와 왜적이 넘어오는 것을 방어하기 위한 몸짓을 추출하여 **월월이춤 모듈**이 탄생하였다.

월월이춤 모듈

월월이춤 모듈의 구성

'월월이춤 모듈'은 영덕월월이청청을 통해 네 개의 놀이(달넘세, 대문열기, 재밟기, 실꾸리 감고 풀기)를 바탕으로 추출하였다. 반복적인 발동작으로 넘어가는 달넘세 몸짓, 대문을 열고 닫는 몸짓, 재를 밟는 몸짓, 실꾸리를 감고 푸는 몸짓을 추출하여 **월월이춤 모듈**을 구성하였다.

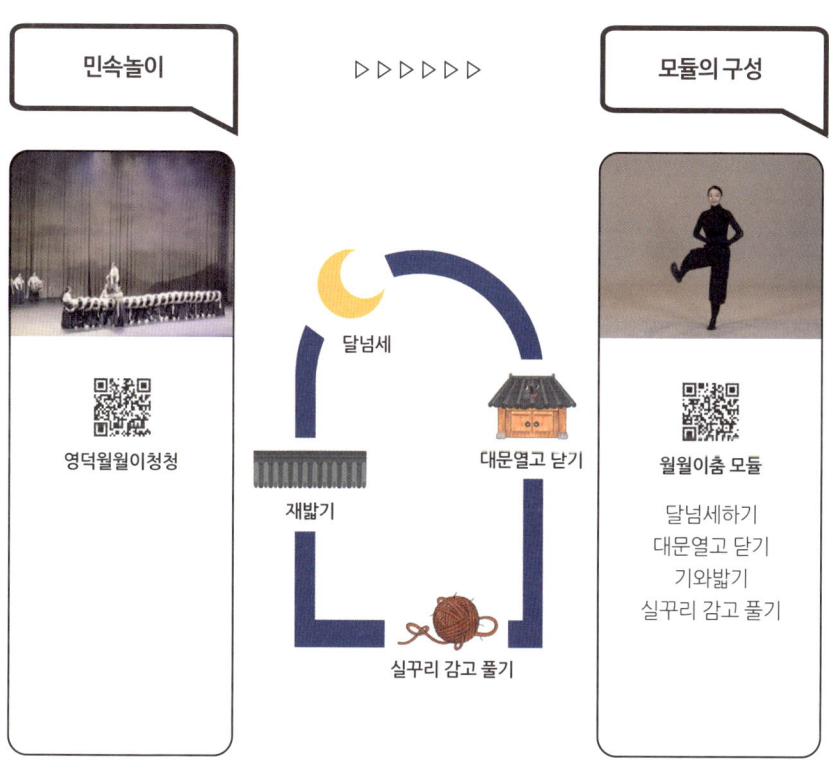

달넘세하기
한 발을 들어 좌우 또는 앞뒤로 중심이동하며
반복적인 발동작을 한다.

⇩

대문열고 닫기
대문을 열고 닫듯이 상체를 앞으로 숙이고 뒤로 젖힌다.

⇩

기와밟기
기와를 밟듯이 한 팔을 머리 위로 들어 앞으로 걷는다.

⇩

실꾸리 감고 풀기
실꾸리를 감고 풀듯이 양손의 손목을
뒤에서 앞으로 돌리며 좌우로 움직인다.

방아춤 모듈

방아춤 모듈이 어떻게 생겨났을까요?

사천마도갈방아소리

언제	주로 그물에 떡갈나무의 잎인 갈을 먹이기 위해 방아질을 할 때 행해진다.
발생 배경	마도 앞바다는 옛날부터 전어가 많이 잡혀 전어잡이 기술이 발달하였다. 본격적으로 전어잡이 기술이 개발되면서 전어잡이용 면사그물에 갈을 먹이기 위해 방아로 소나무껍질을 찧고 갈을 먹여 그물을 튼튼하게 하였다. 오랜시간 방아를 찧는 과정의 피로감을 잊고 작업의 능률을 올리기 위해 행해졌다.
지역장소	경상남도 사천시 마도동
연희과정	갈방아찧는 마당 – 그물에 갈을 입히는 마당 – 뱃고사 지내는 마당 – 전어를 잡으러 나가는 마당 – 만선을 기뻐하는 마당

사천마도갈방아소리 연희과장

갈방아찧는 마당 ⇨ 그물에 갈을 입히는 마당 ⇨ 뱃고사 지내는 마당

그물을 던지고 당기며 거둔 전어를 퍼담을 때 부르는 소리

전어를 잡으러 나가는 마당 ⇨ 만선을 기뻐하는 마당

방아춤 민요

사천마도갈방아소리

민요 및 소리 늦은 자진모리 장단

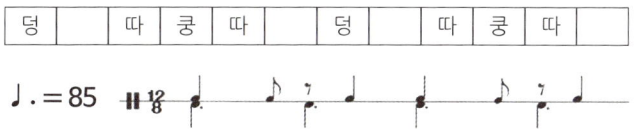

경상도라 사천땅에 에이야 디이야 갈방매야
우리 마도로 들어오거든 에이야 디이야 갈방매야
이방애가 누방앤고 에이야 디이야 갈방매야
이생원댁 갈방알세 에이야 디이야 갈방매야
- 중략 -

방아춤 모듈의 탄생 배경

사천마도갈방아소리를 바탕으로 '**방아춤 모듈**'이 생겨났다.

사천마도갈방아소리는 소나무껍질을 절구통에 붓고 방아 찧는 과정, 찧어놓은 갈을 그물에 먹이는 과정부터 다함께 만선의 기쁨을 즐기는 과정으로 이루어져 있다. 특히 이 중에서 갈을 방아로 찧는 과정은 오랜 시간 마을 사람들이 다함께 힘을 합쳐 작업을 하는 과정으로 피로감을 잊기 위해 갈방아소리를 부르는 모습을 볼 수 있다.

사천마도갈방아소리에서 볼 수 있는 방아질하는 몸짓을 추출하여 **방아춤 모듈**이 탄생하였다.

방아춤 모듈

사천마도갈방아소리

경상남도 사천시

방아춤 모듈의 구성

'방아춤 모듈'은 사천마도갈방아소리의 전어잡이용 그물에 갈을 먹이기 위해 방아질을 하는 몸짓을 바탕으로 추출하였다. 방아질을 하는 몸짓, 그물에 갈을 입히는 몸짓 등을 추출하여 **방아춤 모듈**을 구성하였다.

민속놀이

사천마도갈방아소리

▷ ▷ ▷ ▷ ▷ ▷

갈을 찧기 위해 사용하는
나무 막대기인 절구공이로
방아를 찧으며 절구질하는 몸짓

모듈의 구성

방아춤 모듈

방아질하기1
방아질하기2
방아질하기3
그물에 갈 입히기

방아질하기1
두 사람이 절구질을 하듯이
한 손씩 주먹을 번갈아 쥐고 편다.

방아질하기2
방아질을 하듯이 좌우로 허리를 숙이며
손바닥 위에 주먹을 내리친다.

방아질하기3
배와 엉덩이를 번갈아 두드리며 방아질을 하듯이 뛴다.

그물에 갈 입히기
그물을 흔들어 갈을 입히는 것처럼 양팔을 좌우로 흔든다.

기우제춤 모듈

기우제춤 모듈이 어떻게 생겨났을까요?

계족산무제

언제	주로 하지가 지나도록 비가 내리지 않을 때 행해진다.
발생 배경	계족산무제는 마을의 가뭄이 들었을 때 비를 내려 농사가 잘 되기 위해 신성한 계족산에서 기우제를 올렸다고 전해진다.
지역장소	대전광역시 대덕구 읍내동
연희과정	솥뚜껑훔쳐내기 – 유왕마지기무제 – 마을길놀이 – 마을샘굿 – 산오르기 – 암장찾기 – 무제 – 비부리기 – 비맞이

계족산무제 연희과장

솥뚜껑훔쳐내기 ⇨ 유왕마지기무제 ⇨ 마을길놀이
마을샘굿 ⇨ 산오르기 ⇨ 암장찾기
무제 ⇨ 비부리기 ⇨ 비맞이

금산농바우끄시기

언제	주로 하지가 지나도록 비가 내리지 않을 때 행해진다.
발생 배경	농바우끄시기는 느재마을에 있는 바위를 끄는 풍습이다. 이는 바위 아래 계곡물에 여인네들이 알몸으로 들어가 바가지로 물을 퍼 끼얹으며 물장난을 치고 놀면 하늘이 비를 내린다는 기우의 믿음에서 비롯되었다고 한다.
지역장소	충청남도 금산군 부리면
연희과정	물병매기 – 용줄꼬기 – 무제 – 농바우끄시기 – 개막기 – 날궂이 – 풍장굿

금산농바우끄시기 연희과장

물병매기 ⇨

용줄꼬기 ⇨

무제

농바우끄시기 ⇨

개막기 ⇨

날궂이 ⇨

풍장굿

기우제춤 민요

계족산무제

민요 및 소리   자진모리 장단

어기여차 어기여차 어기여차 어기여차
어기여차 어기여차 댕겨보세 어기여차
서둘러라 어기여차 서둘러라 어기여차
어서어서 어기여차 서둘러라 어기여차
- 중략 -

금산농바우끄시기

민요 및 소리   자진모리 장단

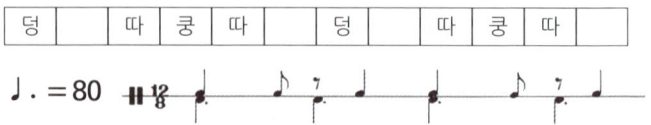

천하통일 장군님네 어기여차   /   비 좀 내려 주옵소서 어기여차
산상에 선왕님네 어기여차   /   비 좀 내려 주옵소서 어기여차
어기여차 어기여차   /   어기여차 어기여차
동해바다 용왕님네 어기여차   /   비 오는 줄 모르시고 어기여차
- 중략 -

기우제춤 모듈의 탄생배경

계족산무제와 금산농바우끄시기를 바탕으로 '**기우제춤 모듈**'이 생겨났다.
우리나라에서는 농업을 기본 생업으로 삼았으며 농업에는 물이 필요하며 그것은 곧 비를 의미하였다. 특히 벼농사에는 적절한 강우량이 필요하였으나 수리시설이 부족했던 옛날에는 다양한 방법으로 천신을 자극하여 비를 내리게 하는 기우제를 지냈다.
계족산무제와 금산농바우끄시기에서 공통적으로 볼 수 있는 비가 내리기를 염원하는 몸짓을 추출하여 **기우제춤 모듈**이 탄생하였다.

기우제춤 모듈

기우제춤 모듈의 구성

'기우제춤 모듈'은 계족산무제와 금산농바우끄시기의 상징(기우제 의식 준비, 기우제, 비)을 가지고 추출하였다. 기우제 안에 담겨 있는 바위 흔드는 몸짓, 기도하는 몸짓, 용줄을 꼬는 몸짓, 산에 불을 지피러 가는 몸짓, 물을 뿌려 비가 내리기를 기원하는 몸짓을 추출하여 **기우제춤 모듈**을 구성하였다.

바위 흔들기
바위를 흔드는 것처럼 허리를 숙여
양팔을 모은 후, 한 발씩 무겁게 든다.

⇩

기도하기
비가 내리길 기원하는 것처럼 양손을
머리 위에서 모아 발끝까지 내린다.

⇩

절하기
기우제를 지내는 것처럼 두 손을 밖에서 안으로 돌려
앞으로 뻗은 후, 다시 두 손을 가져와 절을 한다.

⇩

용줄꼬기
용줄을 꼬는 것처럼 한 팔씩 밖에서 돌린 후,
양 손목을 맞대어 돌린다.

⇩

물 뿌리기
물을 하늘로 뿌리듯이 양 팔을
위로 뿌리면서 점점 올린다.

⇩

횃불 들기
횃불을 든 것처럼 양 손을 한 쪽 어깨 위에 들고
앞, 뒤로 무게를 옮기며 걷는다.

액막이춤 모듈

액막이춤 모듈이
어떻게 생겨났을까요?

산내공주말디딜방아뱅이

언제	주로 정월 대보름에 부녀자들을 중심으로 행해진다.
발생 배경	산내공주말디딜방아뱅이는 마을의 여성들이 주체가 되는 독특한 액막이 풍속으로 과거 마을에 홍역, 장티푸스, 천연두, 열병 마마와 같은 돌림병이 발생하면 이를 막기 위한 의식으로 행해졌다.
지역장소	대전광역시 동구 산내동
연희과정	목신제 – 디딜방아찧기 – 역질창궐 – 디딜방아훔치기 – 디딜방아뱅이 – 대동마을굿

산내공주말 디딜방아뱅이 연희과장

목신제 ⇨ 디딜방아찧기 ⇨ 역질창궐

디딜방아훔치기 ⇨ 디딜방아뱅이 ⇨ 대동마을굿

산내공주말디딜방아뱅이

민요 및 소리   굿거리장단

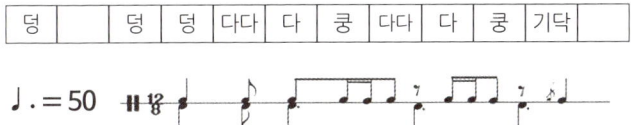

어서가세 어서가요 우리동네   / 어허 어허야 에헤이 어야
건너가네 건너간대 징검다리를 건너가네 / 어허 어허야 에헤이 어야
건너왔네 건너왔네 징검다리를 건너왔네 / 어허 어허야 에헤이 어야
봄이 나나 싹이 나나 영결종천 오라해라 / 어허 어허야 에헤이 어야
- 중략 -

액막이춤 모듈의 탄생배경

산내공주말디딜방아뱅이를 바탕으로 '**액막이춤 모듈**'이 생겨났다.

디딜방아에서 발을 디디는 Y자형 부분은 여성의 다리로 여겨졌으며 여기에 여자 속곳을 씌우고 팥죽을 뿌리는 것은 생리 중의 여성으로 상징하였다. 생리 중의 여성은 민속 풍습상에서 부정한 것으로 여겼으며 여자 속곳을 마을 어귀에 설치함으로써 다른 액이나 질병이 들어오지 않도록 하였다.

산내공주말디딜방아뱅이에서 볼 수 있는 디딜방아의 발을 딛는 Y자 형태와 액을 막는 의식적인 몸짓을 추출하여 **액막이춤 모듈**이 탄생하였다.

액막이춤 모듈

액막이춤 모듈의 구성

'액막이춤 모듈'은 산내공주말디딜방아뱅이의 Y자 형태와 액을 막는 의식에서 추출하였다. 액을 막는 몸짓, 제의식의 호흡하는 몸짓, 디딜방아뱅의 Y자를 형상화한 몸짓, 나쁜 액운을 털어내는 몸짓을 추출하여 **액막이춤 모듈**을 구성하였다.

민속놀이

▷▷▷▷▷▷

모듈의 구성

산내공주말
니딜방아뱅이

디딜방아뱅이의
Y자를 형상화하는
몸짓과 나쁜 액운을
털어내는 몸짓

액막이춤 모듈

액막기1
제의식하기
디딜방아 표현하기1
액막기2
디딜방아 표현하기2

액막기1

액을 막는듯이 바닥에 앉아 좌우로 한 팔씩 꺾는다.

⇩

제의식하기

제의식을 치루듯이 바닥에 양손을 대고 좌우상하로 호흡을 내뱉는다.

⇩

디딜방아 표현하기1

디딜방아의 Y자 형태를 형상화하듯이 하늘을 향해 양 팔을 위로 든다.

⇩

액막기2

액을 막듯이 양팔을 교차한 후 크게 호흡을 들여마신 후 짧은 호흡 두 번 내뱉는다.

⇩

디딜방아 표현하기2

디딜방아의 Y자 형태를 형상화하듯이 앉아서 양팔을 좌우로 펼친다.

방죽춤 모듈

방죽춤 모듈이
어떻게 생겨났을까요?

인천방죽맥이

언제	주로 강과 바다가 만나는 지역에 방조제를 쌓아 간척지를 조성할 때 행해진다.
발생 배경	인천방죽맥이는 육지를 늘리는 간척작업을 하기 위해 둑을 세우는 노동이다. 간척시 물이 넘치거나 치고 들어오는 것을 막기 위해 행해졌다.
지역장소	인천광역시 서구
연희과정	일터나가기 – 가래소리 – 목도소리 – 말뚝박기 – 떼 입히기 – 고사 – 신명풀이

인천방죽맥이 연희과장

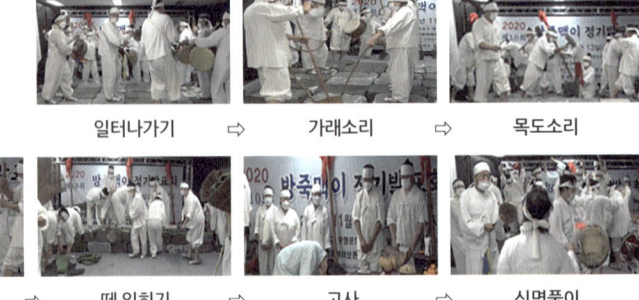

일터나가기 ⇨ 가래소리 ⇨ 목도소리
말뚝박기 ⇨ 떼 입히기 ⇨ 고사 ⇨ 신명풀이

방죽춤 민요

인천방죽맥이

민요 및 소리　자진모리 장단

| 덩 | | 따 | 쿵 | 따 | | 쿵 | | 따 | 쿵 | 따 |

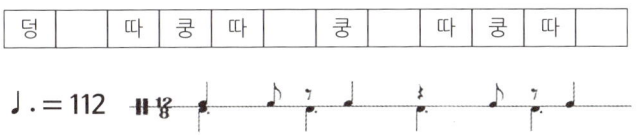

얼너리 상사디야 얼너리 상사디야
얼른하세 빨리빨리 얼너리 상사디야
빨리하세 얼른하세 얼너리 상사디야
바닷물이 들어오면 얼너리 상사디야
- 중략 -

방죽춤 모듈의 탄생배경

인천방죽맥이를 바탕으로 '**방죽춤 모듈**'이 생겨났다.

인천방죽맥이는 마을주민들이 협심하여 무거운 돌이나 나무를 쌓고 방죽을 세워 바다를 육지로 만드는 힘든 작업이었다. 마을 사람들은 방죽을 만드는 과정에서 흙을 풀 때 가래질소리, 무거운 돌이나 나무를 옮기는 과정에서 목도소리, 말을 박을 때 방죽을 다지는 소리 등 다양한 노동요가 노래되었다.

인천방죽맥이에서 볼 수 있는 방죽을 쌓는 몸짓을 추출하여 **방죽춤 모듈**이 탄생하였다.

방죽춤 모듈

방죽춤 모듈의 구성

인천방죽맥이는 마을주민들이 협심하여 무거운 돌이나 나무를 쌓고 방죽을 세워 바다를 육지로 만드는 힘든 작업이었다. 마을 사람들은 방죽을 만드는 과정에서 흙을 풀 때 가래질소리, 무거운 돌이나 나무를 옮기는 과정에서 목도소리, 말을 박을 때 방죽을 다지는 소리 등 다양한 노동요가 노래되었다.

인천방죽맥이에서 볼 수 있는 방죽을 쌓는 몸짓을 추출하여 **방죽춤 모듈**이 탄생하였다.

일터나가기
뒷짐을 지고 허리를 숙인채 걷는다.

말뚝박기
말뚝을 박는 것처럼 양발을 땅에 박고 양팔을 교차하며 쌓아 올린다.

가래질하기
흙을 퍼올리듯이 양팔을 아래에서 위로 퍼 올린다.

목도하기
무거운 나무나 돌을 옮기듯이 천천히 방향을 튼다.

떼 입히기
둑에 떼를 입히듯이 양손으로 두드린다.

김홍도 필 《단원 풍속도첩》 중 〈신행길〉 | 국립중앙박물관 e뮤지엄 소장

가마춤 모듈

가마춤 모듈이
어떻게 생겨났을까요?

흥룡마을가마놀이

언제	주로 출가를 앞둔 처녀가 결혼을 할 때 행해진다.
발생 배경	흥룡마을가마놀이는 약 3백여 년 전부터 전승되어온 마을주민들이 화합하고 마을의 안녕과 행운을 기원하는 민속놀이이다. 이는 마을주민 모두 함께 신을 즐겁게 함으로써 마을 처녀의 행복한 결혼을 기원하는 풍습이다.
지역장소	대전광역시 동구 가양2동
연희과정	산신제 – 두껍바위제 – 거리제 – 풍장

흥룡마을가마놀이 연희과장

산신제 ⇨ 두껍바위제 ⇨ 거리제 ⇨ 풍장

가마춤 민요

흥룡마을가마놀이

민요 및 소리 자진모리 장단

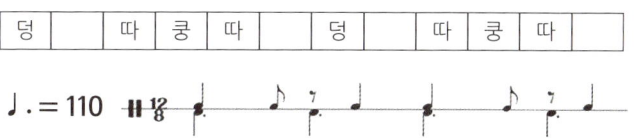

물 긷는 아가씨 에에에이효   /   얼씨구 좋구나 에에에이효
저녁노을 대고 에에에이효   /   떼 지은 새들은 에에에이효
황금새 되었구나 에에에이효 /   안뜸매수깍기 에에에이효
뱅이마을 고물개범 에에에이효 / 매봉마을 텃걸이 에이에이효
- 중략 -

가마춤 모듈의 탄생배경

흥룡마을가마놀이를 바탕으로 '**가마춤 모듈**'이 생겨났다.
가마놀이는 마을주민들이 화합하고 마을의 안녕과 행운을 기원하는 놀이이다. 사람들은 매년 정월 대보름 밤이면 산신당에 가서 제를 올리고 두꺼비바위로 이동해 거리제를 지냈으며 무탈하고 태평을 비는 소지燒紙를 올림으로써 동네 사람들 모두가 평안하기를 기원했다. 특히 신을 즐겁게 하기 위한 가마꾼들의 특이한 몸짓으로 마을 처녀의 행복한 결혼을 기원하였다.
흥룡마을가마놀이에서 볼 수 있는 가마꾼과 시집가는 여인의 몸짓을 추출하여 **가마춤 모듈**이 탄생하였다.

가마춤 모듈

가마춤 모듈의 구성

'가마춤 모듈'은 흥룡마을가마놀이 과장 중 산신제, 두껍바위제, 거리제에 깃든 제의식을 절하는 몸짓으로 축약시켰으며 가마꾼들이 가마를 든 모습, 처녀가 시집갈 때의 모습을 형상화하였다. 가마꾼이 가마를 들고 걸어가는 몸짓, 처녀가 절을 하는 몸짓, 처녀가 수줍어하는 몸짓을 추출하여 **가마춤 모듈**을 구성하였다.

민속놀이
▷▷▷▷▷▷
모듈의 구성

흥룡마을가마놀이

처녀가 시집갈 때의 모습

가마꾼들이 가마를 든 모습

가마춤 모듈

가마 들기1
가마 이동하기
절하기
시집가는 처녀의
모습 표현하기
가마 들기2

가마 들기1
가마꾼이 가마를 든 모습으로 선다.

⇩

가마 이동하기
가마를 든 상태에서 양발을 번갈아가며
앞뒤로 무게중심을 이동한다.

⇩

절하기
이마를 땅에 대고 큰 절을 한 후 일어난다.

⇩

시집가는 처녀의 모습 표현하기
시집가는 처녀의 모습으로 양 손을 얼굴 앞에 두고
한삼을 뿌리듯 손짓을 한다.

⇩

가마 들기2
다시 가마를 든 가마꾼의 모습으로 마무리가 된다.

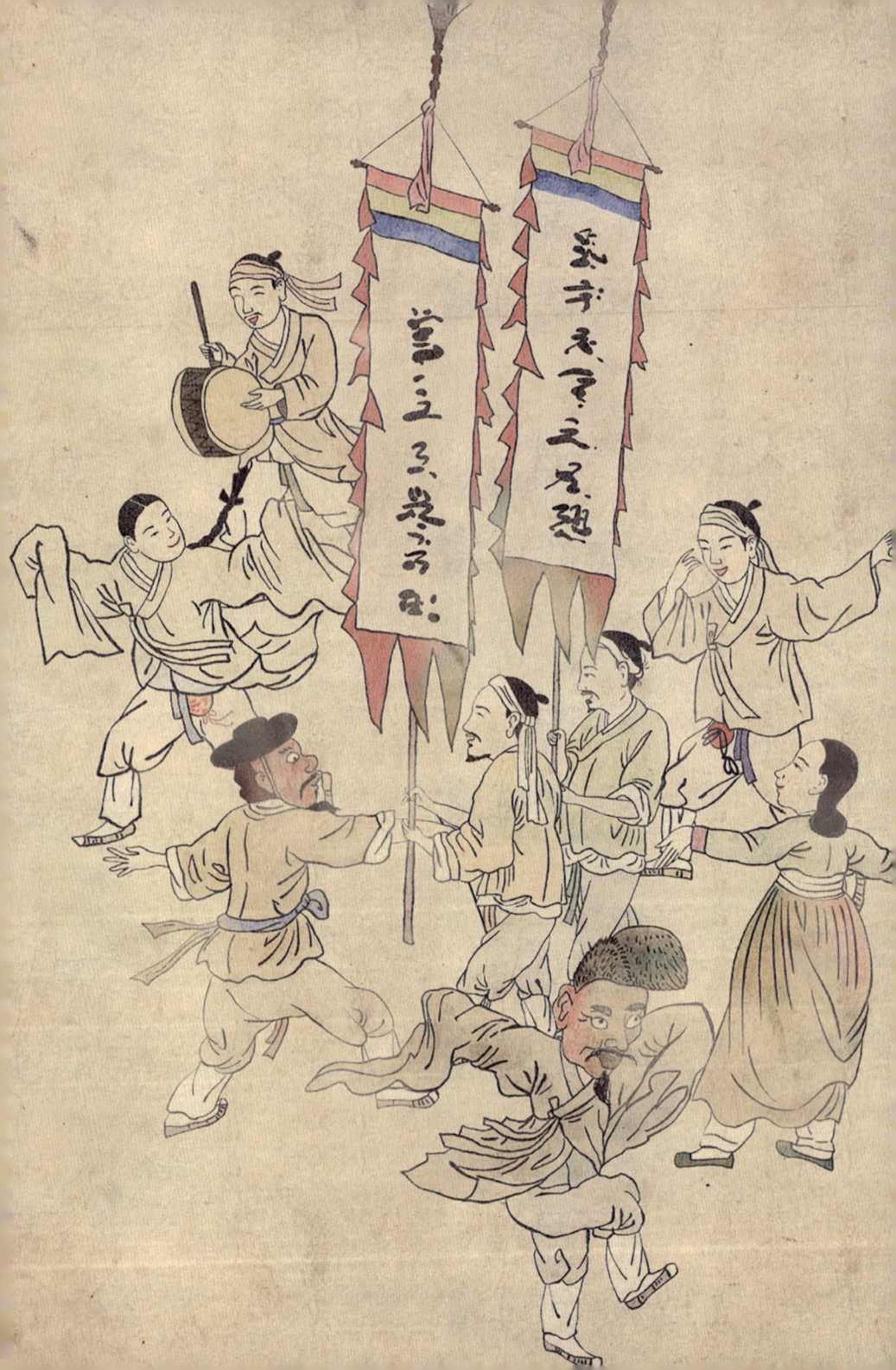

서낭치기춤 모듈

서낭치기춤 모듈이 어떻게 생겨났을까요?

울산병영서낭치기

언제   주로 정월 대보름이나 정초에 행해진다.

발생 배경   정초에 벽사진경 辟邪進慶을 위해 벌이는 지신밟기 형태의 의례로 발생된다. 울산광역시 병영지역은 고려시대 이후 군수물자를 저장하는 지역으로 활발했다. 따라서 울산병영서낭치기는 군사적 문화가 포함되어 네 개 단위 마을의 연합적 연희가 이루어지는 민속놀이로 기싸움과 풍물 겨루기 등의 전통 놀이가 있다.

지역장소   울산광역시 중구 병영1동

연희과정   입굿 – 서낭제 – 합굿 – 백희 – 서낭치기 – 샘굿 – 대동놀이(등걸사이)

울산 병영서낭치기 연희과장

입굿 ⇨ 서낭제 ⇨ 합굿

백희 ⇨ 서낭치기 ⇨ 샘굿 ⇨ 대동놀이(등걸사이)

울산병영서낭치기

민요 및 소리   굿거리 장단

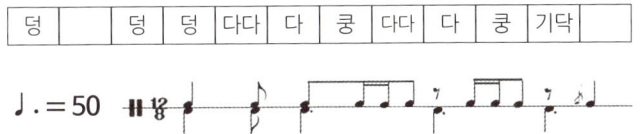

얼쑤 어이야 지신이야   / 당산지신을 올리라거라
동방에 청재당산 남방에 적재당산 / 서방에 백재당산 북방에 흑재당산
동방에 황재당산 남한당산에 올리라거라
                         / 동자천하 지대로 철 자부를 북지고 있다
잡구잡신을 굿하러 가고 만복수복을 빌어옵소
                         / 잡구잡신을 뭇하러 가고 만복수복을 이어오소
   중략 -

서낭치기춤 모듈의 탄생배경

울산병영서낭치기를 바탕으로 '**서낭치기춤 모듈**'이 생겨났다.

정월대보름에 병영지역을 네 개의 동네로 구분하여 각 방위에 따라 풍물패들이 오방색의 복식을 갖춰 입고 작은 서낭기를 앞세워 집집마다 풍물을 쳤다. 각 방위에 따라 동쪽의 기(파란색)는 젊은 남자, 남쪽의 기(빨간색)는 젊은 여자, 서쪽의 기(하얀색)는 할미, 북쪽의 기(검은색)는 영감을 뜻한다.

울산병영서낭치기에서 볼 수 있는 서낭기를 흔드는 몸짓을 추출하여 **서낭치기춤 모듈**이 탄생하였다.

서낭치기춤 모듈

서낭치기춤 모듈의 구성

'서낭치기춤 모듈'은 서낭기를 흔드는 몸짓과 오방색의 상징성을 담는 동·서·남·북 네 개의 마을과 중앙풍물패의 구성을 몸짓으로 추출하였다. 서낭기가 흔들리는 몸짓, 서낭기를 땅에 꽂는 몸짓, 서낭기를 들어 올리는 몸짓, 중앙풍물패가 연희하는 몸짓 등을 추출하여 **서낭치기춤 모듈**을 구성하였다.

민속놀이 — 울산병영서낭치기

▷▷▷▷▷▷

병영서낭치기에서 서낭기를 흔드는 모습과 네 개의 마을을 상징하는 모습

모듈의 구성 — 서낭치기춤 모듈
- 서낭기 흔들기1
- 서낭기 흔들기2
- 서낭기 꽂기
- 서낭기 들어올리기

서낭기 흔들기1
동·서·남·북 네 마을의 서낭기가 흔들리듯이
한 팔 또는 양 팔을 사선 아래로 내린다.

⇩

서낭기 흔들기2
서낭기를 뽐내듯이 뛰어 양 무릎과 박수를 치며 좌우로 흔든다.

⇩

서낭기 꽂기
서낭기를 바닥에 내리꽂듯이 양 팔을 위에서 아래로 꽂는다.

⇩

서낭기 들어올리기
네 마을의 상징인 서낭기를 앞세우듯이 한 손은 가슴
앞에 놓고 그 안으로 다른 손을 들어올리며 돈다.

답교춤 모듈

답교춤 모듈이
어떻게 생겨났을까요?

강릉사천하평답교놀이

언제	주로 좀생이날에 풍년을 기원하며 행해진다.
발생 배경	강릉지역에서 동해로 흐르는 하천인 사천천을 중심으로 형성된 진리마을과 하평마을은 좀생이날 풍년 기원의식 놀이를 하였다. 두 마을 사이에 위치한 다리를 먼저 차지하면 풍년이 들고 그렇지 않으면 흉년이 든다고 믿었다. 다리굿, 다리밟기, 돌싸움, 햇불싸움 등의 여러 놀이를 통하여 승부를 갈라 한해 농사의 풍흉을 점치는 민속놀이가 되었다.
지역장소	강원도 강릉시 사천면
연희과정	솔문(금문)세우기 – 다리굿 – 쇠절금 – 돌싸움 – 햇불놀이 – 다리밟기 – 달집태우기

사천하평답교놀이 연희과장

솔문(금문)세우기 ⇨

다리굿 ⇨

쇠절금

두 마을의 상쇠들이 기량을 선보이도록 채싸움 대결을 함

돌싸움 ⇨

햇불놀이 ⇨

다리밟기 ⇨

달집태우기

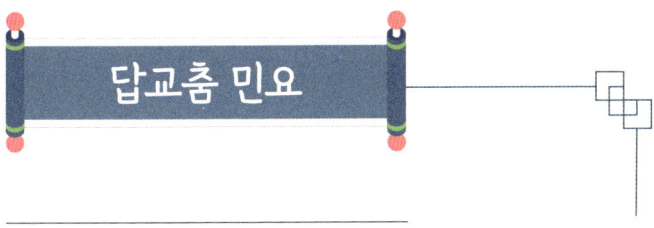

답교춤 민요

강릉사천하평답교놀이

민요 및 소리 굿거리 장단(굿거리형)

이야에 에헤야 에이야 얼싸 지화자자 영산홍

꽃밭일레 꽃밭일레 일월좀상날 꽃밭일레 영산홍

영상홍로 봄바람에 가지가지 꽃피었네 지화자자 영산홍

이야에 에헤야 에이야 얼싸 지화자자 영산홍

- 중략 -

답교춤 모듈의 탄생배경

강릉사천하평답교놀이를 바탕으로 '**답교춤 모듈**'이 생겨났다.

답교놀이는 좀생이날 두 마을을 이어주는 다리를 밟으며 신명나게 추는 다리굿, 돌팔매를 하는 돌싸움, 횃불을 들고 들판으로 나가 승부를 하는 횃불놀이로 농사의 풍년을 점치는 주술적 의미와 양쪽 마을의 공동체적 화합을 기원하는 축제적 성향을 내포하고 있다. 좀생이날은 음력 이월 초엿새 날을 일컫는 말로, 마을 사람들이 좀생이날 저녁, 서쪽 하늘에 모여 있는 작은 별들을 쳐다보고 풍흉을 점쳤다. "좀생이"의 '좀'은 작다는 뜻이고, '생이'는 별 성星자에 주격조사 '이'가 붙어 '작은 별들'이라는 의미로 이 별들을 좀생이라 불렀다.

강릉사천하평답교놀이에서 볼 수 있는 다리를 형상화하고 좀생이날 두 마을이 답교놀이를 하는 과정의 몸짓을 추출하여 **답교춤 모듈**이 탄생하였다.

답교춤 모듈

강원도 강릉시

강릉사천하평답교놀이

답교춤 모듈의 구성

'답교춤 모듈'은 강릉사천하평답교놀이의 과장과 답교의 형상을 통해 추출하여 구성하였다. 다리를 형상화하는 몸짓, 풍농을 기원하는 다리밟기의 몸짓, 돌팔매질을 하며 돌싸움을 하는 몸짓, 횃불을 들고 승부를 내는 몸짓 등을 추출하여 **답교춤 모듈**을 구성하였다.

다리만들기
두 마을을 연결해주는 다리를 형상화하듯 한 팔,
한 다리를 일직선으로 든다.

⇩

다리밟기1
다리밟기를 하듯이 가슴 앞에
양팔을 두고 발 구르며 전진한다.

⇩

돌싸움하기
돌싸움을 하듯이 한팔을 뒤에서 앞으로 돌리며
돌을 던지고 돌을 막듯이 한팔을 얼굴 앞에 둔다.

⇩

횃불놀이하기
횃불놀이를 하듯이 한팔씩 번갈아
머리 위로 올리며 뛴다.

⇩

다리밟기2
답교놀이에서 이동할 때 하는 동작으로
양팔을 좌우로 흔들며 한발씩 짚고 뛴다.

김홍도 필 〈단원 풍속도첩〉 중 〈나룻배〉 | 국립중앙박물관 e뮤지엄 소장

나룻배춤 모듈

나룻배춤 모듈이
어떻게 생겨났을까요?

목계나루뱃소리

언제 주로 수운水運을 통한 무역이 활발하게 이루어질 때 행해진다.

발생 배경 목계나루뱃소리는 충주시 엄정면 목계나루를 배경으로 발생되었다. 뱃사공이 노를 저으며 고단함을 잊기 위해 객지에서의 노고를 풀고 기생들과 가무를 즐기다가 헤어질 때의 슬픔을 표현하는 민속놀이이다.

지역장소 충청북도 충주시 엄정면 목계리 목계나루터

연희과정 노젓는 소리 – 배끄는 소리 – 뱃고사 – 이별가

목계나루뱃소리 연희과장

노젓는 소리 ⇨ 배끄는 소리 ⇨ 뱃고사 ⇨ 이별가

나룻배춤 민요

목계나루뱃소리

민요 및 소리 굿거리 장단(6박 굿거리형)

잘있거라 주모들아 변치말고 잘있거라
너와나에 깊은정은 상봉할날 있을테니
쇠끝같이 모진마음 홍로라도 녹지말고
어이가나 한양뱃길 비틀비틀 장사배야
- 중략 -

나룻배춤 모듈의 탄생배경

목계나루뱃소리를 바탕으로 '**나룻배춤 모듈**'이 생겨났다.

목계나루는 과거 교역이 활발했던 곳으로 내륙에서 모인 물자를 한강 뱃길을 따라 한양과 경상도, 강원도를 연결하였다. 물길 따라 번성했던 충주 부근의 남한강유역 나루터 중 가장 크고 그 역할이 지대했으며 충북선 철로가 개통되기 전까지 상업의 중심지였다. 그곳은 뱃사공들이 객지에서의 고생을 풀고 기생들과 나누었던 정을 아쉬워하며 헤어졌던 곳으로 만남과 이별의 의미가 담긴 장소이다.

목계나루뱃소리에서 볼 수 있는 나룻배를 형상화하고 뱃사공과 기생이 이별하는 몸짓을 추출하여 **나룻배춤 모듈**이 탄생하였다.

나룻배춤 모듈

나룻배춤 모듈의 구성

'나룻배춤 모듈'은 목계나루뱃소리의 과장과 이별하는 뱃사공과 기생의 감정을 바탕으로 추출하였다. 배를 형상화한 몸짓, 뱃사공이 노를 젓는 몸짓, 뱃사공이 돛을 내리는 몸짓, 이별하는 뱃사공과 기생이 이별하는 몸짓 등을 추출하여 **나룻배춤 모듈**을 구성하였다.

민속놀이 ▷▷▷▷▷▷ 모듈의 구성

목계나루뱃소리

노젓는 소리
배끄는 소리
이별가

나룻배춤 모듈

나룻배 이동하기
노젓기
돛내리기
이별하기
나룻배 떠나기

나룻배 이동하기
배가 나루터로 이동하듯이 두 팔을
앞뒤로 벌려 출렁이며 걷는다.

⇩

노젓기
노를 젓듯이 두팔을 돌리면서 허리를 숙였다가 올린다.

⇩

돛내리기
돛과 닻을 내리듯이 위에서 아래로
한 팔씩 엇갈리며 끌어내린다.

⇩

이별하기
뱃사공과 기생이 이별 인사를 하듯이
한 팔씩 좌우로 흔들며 이동한다.

⇩

나룻배 떠나기
나룻터에서 배가 떠나듯이 두팔을 좌우,
앞뒤로 벌려 무게중심을 이동하며 출렁인다.

김홍도 필 〈단원 풍속도첩〉 중 〈대장간〉 | 국립중앙박물관 e뮤지엄 소장

쇠부리춤 모듈

쇠부리춤 모듈이 어떻게 생겨났을까요?

솥굽는역시

언제   주로 무쇠로 솥과 쟁기날을 제작하는 불미(풀무)공예를 할 때 행해진다.
발생 배경   제주도는 섬이라는 지리적인 여건으로 인해 육지와의 교역이 불편했기에 대부분의 생활필수품을 자급자족으로 생산하였다. 그래서 제주 지역 내 가정에서 쓰이던 무쇠솥과 쟁기, 낫 등의 생필품을 생산하여 보급하였다.
지역장소   제주특별자치도 서귀포시 안덕면 덕수리
연희과정   도채비신을 위한 제와 흙 이기는 소리 – 발판 밟을 때 불무 소리 – 용광로에서 쇳물을 녹이는 일

솥굽는역시 연희과장

도채비신을 위한 제와 흙 이기는 소리 ⇨ 발판 밟을 때 불무 소리 ⇨ 용광로에서 쇳물을 녹이는 일

울산쇠부리소리

언제	주로 과거 달천 광산에서 광석이 다양하게 나오면서 그 철광석을 녹이는 힘든 불매(풀무) 작업을 할 때 행해진다.
발생 배경	과거 삼한 시대부터 철이 생산되었던 토철과 같은 원료를 양질의 철로 정련하는 제조법이 개발되면서 시작되었다.
지역장소	울산광역시 북구 송정동
연희과정	입장 – 고사– 쇠부리소리 – 쇠부리 불매소리 – 쇠부리 금줄소리 – 애기 어르는 불매소리 – 성냥간 불매소리

울산쇠부리소리 연희과장

입장 ⇨

고사 ⇨

쇠부리소리+쇠부리 불매소리

쇠부리 금줄소리 ⇨

애기 어르는 불매소리 ⇨

성냥간 불매소리

쇠부리춤 민요

솥굽는역시

민요 및 소리　늦은 자진모리 장단

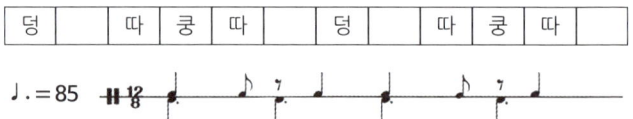

사듣리라 바람아 사듣리라 바람아　／　사듣리라 바람아여 사듣리라 바람아여
끈다끈다 이겨가자 사듣리라 바람아　／　사듣리라 바람아 사듣리라 바람아
신세타령 불리가오 사듣리라 바람아　／　염매질을 하면서 사듣리라 바람아
큰 솥이 되는구나 사듣리라 바람아　／　사듣리라 바람아 사듣리라 바람아
- 중략 -

울산쇠부리소리

민요 및 소리　덧배기장단(굿거리형)

어허여루 불매야　　　　　／　어허루 불매야
불매 부는 여러분들　　　／　어허루 불매야
불내 내력이나 알고나 부나　／　어허루 불매야
옛날에 시원선생　　　　　／　어허루 불매야
- 중략 -

쇠부리춤 모듈의 탄생배경

솥굽는역시와 울산쇠부리소리를 바탕으로 '**쇠부리춤 모듈**'이 생겨났다.

솥굽는역시와 울산쇠부리소리는 쉼없이 마을의 대장장이들이 협심하여 뜨거운 용광로 앞에서 농기구와 생필품 등을 만드는 작업중 하나인 풀무질을 하면서 고된 노동을 잊기 위해 불렀던 노동요와 함께 행해졌다.

솥굽는역시와 울산쇠부리소리에서 공통적으로 볼 수 있는 풀무질을 하는 대장장이의 몸짓을 추출하여 **쇠부리춤 모듈**이 탄생하였다.

쇠부리춤 모듈

쇠부리춤 모듈의 구성

'쇠부리춤 모듈'은 솥굽는역시와 울산쇠부리소리의 배경인 대장간에서 이루어지는 힘든 노동과정을 바탕으로 추출하였다. 발판을 밟아 풀무질하는 몸짓, 무쇠솥을 형상화하는 몸짓, 용광로에서 녹인 쇳물을 틀에 붓는 몸짓, 힘든 노동 후 작업의 결실을 기뻐하는 몸짓 등을 추출하여 **쇠부리춤 모듈**을 구성하였다.

풀무질하기
발판 위에서 풀무질하듯이 무릎을 번갈아들어 내린다.

⇩

쇳물 이동하기
쇳물이 담긴 용기를 머리 위로 들고
이동하는 모습을 형상화한다.

⇩

틀에 쇳물 붓기
용광로에 녹인 쇳물을 쇠틀에 붓듯이
상체를 앞 또는 옆으로 숙였다가 일어난다.

⇩

무쇠솥 만들기
무쇠솥을 형상화하듯이 양팔은 가슴 앞에 둥글게 모아
한팔은 머리 위로 한팔은 가슴 앞에서 휘감으며 허리를 튼다.

김홍도 필 〈단원풍속도첩〉 중 〈벼타작〉 국립중앙박물관 e뮤지엄 소장

도리깨춤 모듈

도리깨춤 모듈이 어떻게 생겨났을까요?

평창봉평메밀도리깨질소리

언제　　주로 메밀 추수 후 타작을 할 때 행해진다.
발생 배경　강원도 평창군 봉평 지역은 과거 화전 메밀농경의 밭농사가 발달하였다. 도리깨로 메밀의 낱알을 터는 타작노동의 힘든 고됨을 덜기 위해 행해졌다.
지역장소　강원도 평창군 봉평면
연희과정　메밀씨파종 – 메밀추수 – 태치기소리 – 도리깨질소리 – 검부재기 날리는 소리-두벌도리깨질소리 – 달집풍년놀이태우기

평창봉평메밀도리깨질소리 연희과장

메밀씨파종　⇨　메밀추수　⇨　태치기소리

도리깨질소리　⇨　검부재기 날리는 소리　⇨　두벌도리깨질소리　⇨　달집풍년놀이태우기

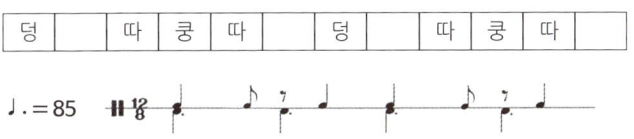

민요 및 소리 늦은 자진모리 장단

| 덩 | | 따 | 쿵 | 따 | | 덩 | | 따 | 쿵 | 따 | |

♩.=85

도리깨질 맞춰주소　　　/　에호 에호 에헤 마댕이야
이도리깨가 뒤도리깬가에　/　에호 에호 에헤 마댕이야
상도리깨는 넘기시고　　　/　에호 에호 에헤 마댕이야
우리도리깨는 잘 맞춰서　　/　에호 에호 에헤 마댕이야
- 중략 -

도리깨춤 모듈의 탄생배경

평창봉평메밀도리깨질소리를 바탕으로 '**도리깨춤 모듈**'이 생겨났다.

강원도 봉평 지역의 주요 작물이었던 메밀 농사의 일환으로 전통방식의 메밀 단을 탯돌에 치는 행위, 메밀을 바닥에 펴놓고 도리깨로 치는 행위, 메밀 나락에 섞여 있는 검부재기를 날리는 행위 등이 이루어졌다. 과거 메밀 추수 후 탈곡을 할 때, 전통 농기구인 탯돌, 도리깨, 메밀볏집을 사용하였다. 이러한 농기구를 활발히 사용되던 때에는 각자의 집 마당에 모여 일상생활의 일부로 도리깨질을 하였다.

평창봉평메밀도리깨질소리에서 볼 수 있는 메밀 추수 후의 타작하는 몸짓을 추출하여 **도리깨춤 모듈**이 탄생하였다.

도리깨춤 모듈

도리깨춤 모듈의 구성

'도리깨춤 모듈'은 평창봉평메밀도리깨질소리의 과장과 농기구를 형상화하는 몸짓 등을 추출하였다. 도리깨질에서 사용되는 도리깨를 형상화하는 몸짓과 도리깨질을 하는 몸짓, 메밀 단을 탯돌에 내려치는 몸짓, 나락에 섞여 있는 검부를 날리는 검부재기를 하는 몸짓 등을 추출하여 **도리깨춤 모듈**을 구성하였다.

도리깨 표현하기
도리깨를 형상화하듯이 양팔을 굽히고 팔꿈치를 안에서 밖으로 원을 그린다.

⇩

태치기
메밀단을 탯돌에 내리치는 것처럼 한 발을 들고 뛰면서 팔을 위에서 아래로 내려친다.

⇩

검부재기 날리기
메밀볏짚을 양 다리 사이에 끼고 검부를 터는 것처럼 다리를 모으고 양팔을 벌렸다가 모은다.

⇩

도리깨질하기
도리깨를 타작하듯 한 팔은 위로 높게 들고 다른 팔은 받쳐들어 상체를 숙였다가 일어난다.

2
한국 민요춤 교육콘텐츠

거북토리 콘텐츠의 구성

'거북토리 콘텐츠'는 평택와야골거북놀이와 천안거북놀이의 다섯 과장(길놀이, 우물굿, 마을놀이, 집굿, 마당놀이)을 바탕으로 거북의 움직임을 형상화한 교육 콘텐츠이다. 거북놀이에 담긴 거북이의 기어가는 동작, 목을 움직이는 동작, 헤엄치는 동작, 땅을 딛는 발의 동작 등을 추출하여 '거북춤 모듈'로 구성하였고, 이를 유아 발달 단계에 적합한 교육적 소재와 융합하여 **거북토리 콘텐츠**가 탄생하였다.

거북토리 STORY

"친구들 안녕? 난 거북토리야.

룰루랄라~ 왜 이렇게 신이 났냐고?

곧 100번째 생일이 돌아오거든"

"나의 100번째 생일에 너희를 초대할게~

우리 100번째 생일파티에서 만나자!"

"친구들~ 나와 함께 바닷속 파티 재미있었어?

오잉? 편지가 왔나 봐. 누가 나에게 편지를 보냈지?

아! 육지에 사는 토끼가 나를 초대했나 봐~ 달리기시합? 재밌겠는걸?

친구들~ 우리 함께 육지로 가보지 않을래? 출발~"

"휴~ 드디어 육지에 도착했다!

으이이아악 깜짝이야!

아! 맞다.. 길을 건널 때는 지켜야 하는 교통안전 규칙이 있었지?

처음에는 어렵겠지만 나와 함께하면 길을 안전하게 건너갈 수 있어~ 출발!"

"애들아 안녕 먼 길 오느라 고생했어~

우리 달리기 시합하기로 한 거 있지 않았지?

마침 토끼마을에서 운동회를 연다고 해~

우리 같이 달리기 시합도 하고 재미있는 놀이도 함께 해보자!

야호!! 신난다~"

거북토리 민요

거북아 거북아 놀자 거북아 거북아 놀자
어라영차 놀아라 놀아라

거북아 거북아 놀자 거북아 거북아 놀자
거북토리와 놀아라 놀아라

놀아 놀-아 놀아라 거북토리와 놀아
놀아 놀-아 놀아라 어라영차 놀아라

바다의 거북도 놀고 장-수 거북도 놀자
거북토리와 놀아라 놀아라

거북아 거북아 놀자 거북아 거북아 놀자
어라영차 놀아라 놀아라

문어랑도 놀고 물고기랑도 놀자
놀아 놀-아 놀아라 어라영차 놀아라

거북아 거북아 놀자 거북아 거북아 놀자
어라영차 놀아라 놀아라

거북아 놀아라 놀아라 놀아라

'거북토리' 수업의 전체 전개

1차시

거북토리의 생일파티
- 춤, 이야기 - 거북토리의 생일파티
- 춤, 이미지 - "그대로 멈춰라" 놀이를 활용하여 도형을 몸으로 표현
- 춤, 디자인 - 도형 모양의 스티커를 학생 개별 등껍질에 꾸미기
- 춤, 미디어 - 해양생물을 형상화한 도형의 디지털 매체를 활용
- 춤, 메시지 - 수업내용을 이해하고 공감하기

2차시

등껍질 타고 육지여행
- 춤, 이야기 - 등껍질 타고 육지여행
- 춤, 이미지 - 육지로 가는 바닷길 상황을 제시하여 움직임으로 표현
- 춤, 미디어 - 거북이 마커를 인식하여 등껍질 길 형성
- 춤, 민요 - 거북토리와 함께하는 한국 민요춤
- 춤, 메시지 - 수업내용을 이해하고 공감하기

3차시

뛰뛰빵빵 육지도착
- 춤, 이야기 - 뛰뛰빵빵 육지도착
- 춤, 이미지 - 교통안전 놀이하기
- 춤, 민요 - 거북토리와 함께하는 한국 민요춤
- 춤, 메시지 - 수업내용을 이해하고 공감하기

4차시

신나는 육지 운동회
- 춤, 이야기 - 신나는 육지 운동회
- 춤, 이미지 - 거북팀과 토끼팀으로 나누어 육지 운동회하기
- 춤, 민요 - 거북토리와 함께 하는 한국 민요춤
- 춤, 메시지 - 수업내용을 이해하고 공감하기

1차시

거북토리의 생일파티

학습 개요	AR TOOLKIT을 활용하여 해양생물을 탐구하고 표현하는 활동이다. 해양생물 속에서 도형을 찾아 몸으로 도형을 표현하고 도형 모양의 스티커를 활용하여 자신만의 등껍질을 만들어 거북토리춤을 익힌다.
학습 목표	· 동화를 통해 상상력을 자극하여 인지적 확장을 할 수 있다. · AR TOOLKIT을 활용하여 바다 속 생물에 대해 이야기할 수 있다. · 공간과 도형을 인식하여 다양한 신체표현을 할 수 있다. · 거북토리의 움직임을 자유롭게 표현할 수 있다.
수업 교구	· 아이패드(AR TOOLKIT 애플리케이션) · 해양생물 도형 마커판 · 도형 시트지 · 등껍질 · 육지여행 티켓 교구
춤, 이야기	    '거북토리의 생일파티' 영상

Ⅱ. 한국 민요춤 교육콘텐츠

[1차시] 거북토리의 생일파티

	활동	교수·학습활동	지도상의 유의점	음원
도입	하이인사	한국 민요춤 하이인사를 통해 친구들, 선생님과 인사를 나누며 가볍게 몸풀기 열을 맞춰 학습자들을 정렬한 뒤 하이인사 노래와 춤을 설명	학습자의 출석 및 건강상태 확인	Hi song
	춤, 이야기 춤, 미디어	〈바다 속의 생물 찾아보기〉 AR TOOLKIT을 활용하여 해양생물 도형 마커판에 숨어 있는 실제 해양생물 이미지 구현 해양생물 도형 마커판을 보여준 뒤 도형의 개념을 설명	질서를 지키도록 학습자 통솔	인어 공주 ost under the sea
	교구	· 해양생물 도형 마커판 · 아이패드 AR TOOLKIT 애플리케이션		
전개	춤, 이미지 춤, 디자인 춤, 민요	〈등껍질 타고 춤추기〉 거북이 등껍질 교구를 공간의 중앙에 배치하고 그 주변에 여러 장의 도형 스티커를 둠	교사의 설명을 듣고 거북이 등껍질 도형 스티커에 대한 인지한 후 활동	그대로 멈춰라
		노래가 진행될 때에는 자유롭게 돌아다니다가 음악이 정지하면 교사가 지시하는 도형 위에 멈춤 몸으로 도형을 표현한 후, 도형 스티커를 가져감	교사의 설명을 듣고 활동에 대한 규칙을 인지한 후 활동	
		〈등껍질을 꾸며요〉 학습자가 취득한 도형 스티커를 자신의 등껍질 교구에 자유롭게 붙이기	취득한 도형 스티커를 자신의 등껍질에 자유롭게 붙이는 활동	
		〈거북토리춤〉 ① 거북이 고개내밀기 ② 거북이 엉덩이 흔들기 ③ 거북이 꼬리치기	음악에 맞춰 리듬감 있게 춤을 출 수 있도록 유도	거북토리 민요

[1차시] 거북토리의 생일파티

	활동	교수·학습활동	지도상의 유의점	음원
전개	교구	· 참여자 개별 등껍질 · 도형 시트지 스티커		
마무리	춤, 메시지	1차시 수업의 전반적인 내용을 이해하고 공감하기 〈차시예고〉 토끼가 보낸 육지여행 티켓에 대해 설명	수업 내용에 대한 설명과 가치를 유도하며 학습자간의 의견이 공유될 수 있도록 학습분위기 조성 2차시 수업 내용에 대한 흥미유발	
	바이인사	바이인사를 통해 친구들, 선생님과 수업의 마무리	교사의 설명을 듣고 바이인사를 배우며 수업을 마무리	Bye song
	교구	· 육지여행 티켓		

활동모습

〈AR TOOLKIT을 활용하여 해양생물 도형 마커판에 숨어 있는 해양생물 이미지 찾기〉

 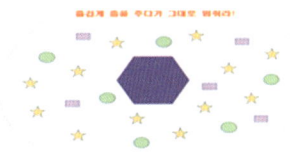

〈즐겁게 춤을 추다가 도형 위에 멈추기〉   〈도형 시트지 스티커 예시〉

등껍질 타고 육지여행

학습 개요	도형을 찾아보고, 도형을 이해하며 네모, 세모, 동그라미 여행길을 만들어보는 활동이다. 이를 바탕으로 거북토리의 특징을 살려 창의적인 움직임과 함께 다양한 신체표현이 이루어진다. 신체활동을 통하여 협동심과 집중력을 기른다.
학습 목표	· AR TOOLKIT을 활용하여 다양한 형태의 도형을 찾을 수 있다. · 도형을 이해하고 다양한 경로를 통해 창의적인 움직임을 표현할 수 있다. · 신체활동을 통하여 집중력과 협동심을 향상시킬 수 있다. · 거북토리의 특징을 살려 움직임으로 표현할 수 있다.
수업 교구	· 마커용 거북이 이미지 · 아이패드(AR TOOLKIT 애플리케이션) · 마스킹 테이프 · 거북이 등껍질 모양 플라스틱 · 육지여행 티켓 및 스탬프
춤, 이야기	    '등껍질 타고 육지여행' 영상

[2차시] 등껍질 타고 육지여행

	활동	교수·학습활동	지도상의 유의점	음원
도입	하이인사	〈몸풀기〉 열을 맞춰 학습자들을 정렬한 뒤 하이인사 노래와 춤을 설명	학습자의 출석 및 건강상태 확인	Hi song
	춤, 이야기 춤, 미디어	〈육지로 가는 거북〉 바다에서 육지로 이동하는데 여러 갈래의 여행길들이 있는 상황에 대한 설명	교사의 설명을 듣고 현재의 상황에 대해 인지	인어 공주 ost under the sea
	춤, 민요	〈거북아 거북아 놀아라〉 민요와 장단을 배우고 함께 불러 보기 민요를 학습자에게 직접 불러주며 설명	교사의 설명을 듣고 거북토리 민요를 배운 뒤 직접 불러봄	거북토리 민요

[2차시] 등껍질 타고 육지여행

	활동	교수·학습활동	지도상의 유의점	음원
전개	춤, 이미지 춤, 디자인 춤, 민요	〈춤추며 기차놀이〉 기차놀이 구도로 거북토리 움직임을 하며 이동 〈거북토리춤〉 ① 거북이 고개내밀기 ② 거북이 엉덩이 흔들기 ③ 거북이 꼬리치기	교사의 설명을 듣고 활동에 대한 규칙을 인지	거북토리 민요
		〈바다에서 육지로 가는 길 만들기〉 AR TOOLKIT을 활용하여 다양한 거북이 이미지 마커를 설정 후 마커 안에 나오는 도형에 맞게 '거북이 등껍질 모양 플라스틱' 교구를 활용하여 도형 길을 만들고 도형 길을 따라 밟고 건너가는 활동 〈거북토리춤〉 ① 거북이 걸어가기 ② 거북이 헤엄치기 ※ 미션을 수행했을 시 스탬프 찍어주기 〈육지 도착〉 일렬 길을 만들어서 육지에 도착하기	학습자가 교구를 위에서 활동할 때 넘어지지 않도록 지도	
		〈거북토리춤 연결〉 ① 거북이 고개내밀기 ② 거북이 엉덩이 흔들기 ③ 거북이 꼬리치기 ④ 거북이 걸어가기 ⑤ 거북이 헤엄치기	1차시부터 배운 민요춤을 반복하며 학습자가 습득할 수 있도록 지도	
	교구	·마커용 거북이 이미지 ·아이패드(AR TOOLKIT 애플리케이션) ·마스킹 테이프 ·거북이 등껍질 모양 플라스틱 ·육지여행 티켓 및 스탬프		

[2차시] 등껍질 타고 육지여행

	활동	교수·학습활동	지도상의 유의점	음원
마무리	춤, 메시지	수업의 전반적인 내용을 이해하고 공감하기	수업 내용에 대한 설명과 가치를 유도	
		〈차시예고〉 바닷길을 건너온 거북이들이 육지에 도착해서 토끼친구를 만나는 이야기	3차시 수업 내용에 대한 흥미 유발	
	바이인사	바이인사를 통해 친구들, 선생님과 수업의 마무리	교사의 설명을 듣고 바이인사를 배우며 수업을 마무리	Bye song

활동모습

〈춤추며 기차놀이〉

〈거북이 등껍질 밟기〉

〈육지여행티켓〉

3차시

뛰뛰빵빵 육지도착

학습 개요	AR TOOLKIT을 활용하여 신호등과 횡단보도 표지판을 이해하며, 교통질서를 인지하고 표지판에 따른 거북토리춤을 배운다.
학습 목표	· 교통표지판의 의미를 이해할 수 있다. · 교통질서를 인지하여 표지판에 따른 거북토리 움직임을 만들어 표현할 수 있다. · 친구들의 움직임을 살펴보고 올바르게 교통신호를 지켰는지 이야기 나눌 수 있다. · 거북토리춤을 활용하여 창의적인 움직임 확장을 할 수 있다.
수업 교구	· 횡단보도를 나타내는 마스킹 테이프 · 교통 표지판 (횡단보도, 멈추기, 위험 등) · 신호등
춤, 이야기	    '뛰뛰빵빵 육지도착' 영상

[3차시] 뛰뛰빵빵 육지도착

	활동	교수·학습활동	지도상의 유의점	음원
도입	하이인사	〈몸풀기〉 열을 맞춰 학습자들을 정렬한 뒤 하이인사 노래와 춤을 설명	학습자의 출석 및 건강상태 확인	Hi song
	춤, 이야기 춤, 미디어	〈육지로 온 거북토리〉 무서운 차들과 높은 건물들! 교통안전에 대해 배우고 도시에서 안전하게 토끼를 만나는 상황 설명	육지로 온 거북토리에 대한 설명을 듣고 현재 상황에 대해 인지하도록 흥미 유발	인어 공주 ost under the sea
	춤, 민요	〈거북아 거북아 놀아라〉 민요 함께 불러 보기	리듬을 타며 민요를 부르도록 유도	거북토리 음원
전개	춤, 이미지 춤, 미디어	교통안전에 대한 시청각 자료 활용	학습자들이 교통안전에 대한 시청각 자료를 볼수 있도록 지도	교통소음 음악
		〈뛰뛰빵빵 육지도착〉 각 표지판과 거북토리 움직임을 매칭하여 교통질서도 인지하고, 거북토리 동작을 익힐 수 있도록 설명 · 횡단보도 - 고개 좌우로 살피기 · 빨간불 - 양손 들기 · 파란불 - 한손 들기 · STOP - 가다가 정지하기 · 도착 - 허리돌리기	교통 표지판을 통해 도로의 교통 규칙과 거북토리춤을 학습 하도록 지도 한 명씩 횡단보도를 건너며 거북토리춤 동작을 수행할수 있도록 지도	

[3차시] 뛰뛰빵빵 육지도착

	활동	교수·학습활동	지도상의 유의점	음원
전개	춤, 민요	<거북토리춤> ① 거북이 뛰기 ② 거북이 허리돌리기	음악에 맞춰 리듬 감있게 춤을 출 수 있도록 유도	거북토리 음원
	교구	· 횡단보도를 나타내는 마스킹 테이프 · 교통 표지판 (횡단보도, 멈추기, 위험 등) · 신호등		
마무리	춤, 메시지	수업의 전반적인 내용을 이해하고 공감하기 <차시예고> 거북이와 토끼의 경주를 위해 마을 운동회에 참여하는 내용 설명	수업 내용에 대한 설명과 가치를 유도 4차시 수업 내용에 대한 흥미 유발	
	바이인사	바이인사를 통해 친구들, 선생님과 수업의 마무리	교사의 설명을 듣고 바이인사를 배우며 수업을 마무리	Bye song
활동모습		 <거북토리 동작과 교통안전 연계동작학습>	 <거북토리 동작과 함께 횡단보도 건너기>	

신나는 육지 운동회

학습 개요	다양한 근육을 활용하는 신체활동을 통해서 운동능력을 향상시킬 수 있다. 또 서로 응원해주는 활동을 하며 협동심을 유발한다. 이를 통해 포용성과 창의성을 기를 수 있고 거북토리춤을 추며 느꼈던 생각을 공유할 수 있다.
학습 목표	· 놀이를 통해 다양한 신체표현을 할 수 있다. · 거북토리춤을 연결하여 춤출 수 있다. · 운동회를 통해 포용성과 창의성, 협동심을 기를 수 있다. · 거북토리춤을 추며 느꼈던 생각을 공유할 수 있다.
수업 교구	· 거북팀, 토끼팀 QR코드 팔찌 · 복주머니 · 등껍질 플라스틱 · 복주머니 바구니 · 마스킹 테이프
춤, 이야기	    '신나는 육지 운동회' 영상

[4차시] 신나는 육지 운동회

	활동	교수·학습활동	지도상의 유의점	음원
도입	하이인사	<몸풀기> 열을 맞춰 학습자들을 정렬한 뒤 하이인사 노래와 춤을 설명	학습자의 출석 및 건강상태 확인	Hi song
	춤, 이야기 춤, 미디어	운동회에 온 거북토리의 상황에 대한 설명	거북토리가 운동회에 참여한 상황임을 인지하도록 지도하며 흥미유발	
	춤, 민요	<거북아 거북아 놀아라> 민요 함께 불러 보기	리듬을 타며 민요를 부르도록 유도	거북토리 민요
전개	춤, 이미지 춤, 디자인 춤, 민요	<거북팀, 토끼팀 달리기 경주> 거북팀과 토끼팀을 QR 코드를 활용하여 팀 확인	신체활동 전 규칙 알려주고 거북팀과 토끼팀을 분류하기 위해 QR 팔찌를 배부	거북토리 민요
		팀별 응원가 만들기	팀별 응원가를 만들어 운동회 분위기 조성	출발 드림팀
		라인별 거북이, 토끼를 설정하여 기어가기, 뛰어가기 동작으로 경주 진행	거북팀과 토끼팀 경주의 규칙을 설명하고 직접 시범	
		<거북토리춤 추기> 1-4차시까지 배운 민요춤 연결 ① 거북이 고개내밀기 ② 거북이 엉덩이 흔들기	음악에 맞춰 리듬감 있게 춤을 출 수 있도록 유도	거북토리 민요

[4차시] 신나는 육지 운동회

	활동	교수·학습활동	지도상의 유의점	음원
전개	춤, 민요	③ 거북이 꼬리치기 ④ 거북이 걸어가기 ⑤ 거북이 헤엄치기 ⑥ 거북이 뛰기 ⑦ 거북이 허리돌리기 ⑧ 거북이 엎드리기		
	교구	·거북팀, 토끼팀 QR코드 팔찌 ·복주머니 ·등껍질 플라스틱 ·복주머니 바구니 ·마스킹 테이프		
마무리	춤, 메시지	수업 전체를 마무리하며 최종적으로 느낀 점에 대해 이야기를 나누는 시간을 갖기	4차시에 학습한 거북토리 수업에 대한 소감을 묻기	
	바이인사	바이인사를 통해 친구들, 선생님과 수업의 마무리	교사의 설명을 듣고 바이인사를 배우며 수업을 마무리	Bye song

활동 모습

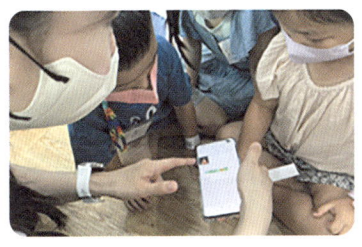

〈QR코드를 활용하여 팀 정하기〉

〈거북팀, 토끼팀 경주놀이〉

거북토리 콘텐츠의 구성

'거북토리 콘텐츠'는 평택와야골거북놀이와 천안거북놀이의 다섯 과장(길놀이, 우물굿, 마을놀이, 집굿, 마당놀이)을 바탕으로 거북의 움직임을 형상화한 교육 콘텐츠이다. 거북놀이에 담긴 거북이의 기어가는 동작, 목을 움직이는 동작, 헤엄치는 동작, 땅을 딛는 발의 동작 등을 추출하여 '거북춤 모듈'로 구성하고, 이를 시니어의 신체활동과 정서적 교감을 도울 수 있는 교육적 소재와 접목시켜 **거북토리 콘텐츠**를 탄생시켰다.

'거북토리' 수업의 전체 전개

1차시
복 다스리기
춤, 이야기 - 인문학 이야기
춤, 미디어 - 오복이란 무엇일까요?
춤, 이미지 - 여러분의 몸을 탐색해 봐요!
춤, 메시지 - 수업내용을 이해하고 공감하기

2차시
복 만들기
춤, 이야기 - 인문학 이야기
춤, 미디어 - 날 따라해봐요!
춤, 디자인 - 복주머니를 만들어봐요!
춤, 이미지 - 복주머니 놀이
춤, 민요 - 함께 하는 한국민요춤
춤, 메시지 - 수업내용을 이해하고 공감하기

3차시
복 표현하기
춤, 이야기 - 인문학 이야기
춤, 미디어 - 거북춤 모듈 민요를 따라 불러요!
춤, 이미지 - 거북춤 모듈을 배워볼까요?
춤, 민요 - 함께 하는 한국민요춤
춤, 메시지 - 수업내용을 이해하고 공감하기

4차시
복 창조하기
춤, 이야기 - 인문학 이야기
춤, 이미지 - 거북춤 모듈 민요춤 추기
춤, 미디어 - 디지털 춤·춤·춤
춤, 민요 - 함께 하는 한국민요춤
춤, 메시지 - 수업내용을 이해하고 공감하기

복 다스리기

학습 개요	한국 민요춤 거북춤 모듈을 활용한 내용으로 복을 다스리는 활동이다. 무병장수를 기원하며 오장(심장, 간장, 비장, 폐장, 신장)을 다스려 몸의 기를 순환하는 스트레칭을 통해 몸의 유연성과 근력을 키운다.
학습 목표	· 거북춤 모듈의 역사와 놀이의 배경을 알 수 있다. · 무병장수를 기원하며 오장을 다스릴 수 있다. · 몸의 기를 순환하는 스트레칭을 통해 몸의 유연성과 근력을 키울 수 있다. · 호흡을 다스리며 힐링을 경험할 수 있다.
수업 교구	· 아이패드 
춤, 이야기	  '거북춤 모듈의 역사여행' 영상

[1차시] 복 다스리기

	활동	교수·학습활동	지도상의 유의점	음원
도입	춤, 이야기 춤, 미디어	〈인문학 이야기〉 　인문학과 함께하는 사전영상 이야기 　나누고 공감하기 〈몸 깨우기〉 　신체 부위별로 털기, 두드리기, 돌리기, 　늘리기를 하며 자신의 몸을 인식하고 　깨우기	몸에 집중하여 관절을 이완하며 몸의 기운이 순환되도록 유도	자연의 소리
전개	춤, 이미지 춤, 미디어	〈복 다스리기〉 　AR TOOLKIT을 활용하여 복을 　상징하는 동물을 상상하기 　QR코드를 활용하여 오복에 대해 알고 　자신의 복에 대해 이야기 나누며 생각 　공유하기 　★손주와 함께하는 활동 　나는 누구일까요? 라는 주제로 손주와 　함께 맞춰보기 　ex) 기어다니는 동물입니다. 　　　등이 딱딱해요. 　　　느려요, 바다와 육지를 오고 　　　갈 수 있어요. 　오복이란 무엇일까요? 라는 주제로 　손주와 함께 복에 대해 이야기 나누기 〈복 내밀기〉 　인체 해부도와 오복에 대한 영상시청 　무병장수를 기원하며 마음으로 오장을 　다스려 몸의 기를 순환하는 스트레칭 　하기 〈다함께 춤추기〉 　다 같이 원을 이루어 배운 동작을 　자유롭게 표현하기 　① 고개내밀기	자유롭게 이야기 나누도록 유도 학습자 동기유발 전신에 기를 순환할 수 있도록 호흡과 몸이 하나 되도록 지도 학습자 간 교감을 하며 활동에 참여하도록 학습 분위기 조성	거북춤 모듈 민요
마무리	춤, 메시지	〈호흡 다스리기〉 　누워서 호흡을 다스리며 에너지의 　흐름을 느끼고 치유하기	학습자가 천천히 호흡을 다스릴 수 있도록 차분한 분위기 조성	자연의 소리

복 만들기

학습 개요	기어가기1, 기어가기2 동작을 활용하여 몸의 밸런스를 잡는 활동이다. 거북이가 이동하는 모습을 형상화하여 제자리에서 좌우로 무게를 옮기고, 팔꿈치를 원으로 그리며 돌리는 상·하체와 코어근육을 키운다. 또한 복주머니를 활용한 창의적인 거북춤 모듈을 춘다.
학습 목표	· 기어가기1, 기어가기2 동작에 대해 알 수 있다. · 거북이가 이동하는 모습을 형상화할 수 있다. · 기어가기1, 기어가기2 동작을 통해 상·하체와 코어근육을 강화하여 유연성과 근력을 키울 수 있다. · 복주머니를 활용한 창의적인 거북춤 모듈을 출 수 있다.
수업 교구	· 아이패드 · 학습자별 복주머니
춤, 이야기	 '기어가기 동작' 영상

[2차시] 복 만들기

	활동	교수·학습활동	지도상의 유의점	음원
도입	춤, 이야기 춤, 이미지	〈인문학 이야기〉 인문학과 함께하는 사전영상 이야기 나누고 공감하기 〈몸 깨우기〉 신체 부위별로 털기, 두드리기, 돌리기, 늘리기를 하며 자신의 몸을 인식하고 깨우기	몸에 집중하여 관절을 이완하며 몸의 기운이 순환되도록 유도	자연의 소리
전개	춤, 이미지 춤, 디자인 춤, 민요	〈복 만들기〉 기어가기1 동작을 활용한 움직임으로 제자리에서 좌우로 무게를 옮기며 중심 이동하기 거북이가 기어가듯 팔꿈치를 원으로 그리며 돌리는 기어가기2 동작하기 〈복주머니 꾸미기〉 복주머니를 자신만의 스타일로 꾸미기 〈복주머니 놀이〉 복주머니를 활용하여 주고받기, 돌리기, 제기차기 등 놀이하기 〈다함께 춤추기〉 다 같이 원을 이루어 배운 동작을 자유롭게 표현하기 ① 고개내밀기 ② 기어가기1 ③ 기어가기2	여러 방향으로 다양하게 공간을 구성하도록 스텝을 유도 학습자별 복주머니 꾸미기 놀이를 통해 전신운동이 되도록 유도 안전에 유의하도록 지도 학습자 간 교감을 하며 활동에 참여하도록 학습 분위기 조성	거북춤 모듈 민요
마무리	춤, 메시지	〈호흡 다스리기〉 누워서 호흡을 다스리며 에너지의 흐름을 느끼고 치유하기	학습자가 천천히 호흡을 다스릴 수 있도록 차분한 분위기 조성	자연의 소리

복 표현하기

학습 개요	뒤엎어지기, 꼬리치기, 헤엄치기 동작에 대해 이해하고 경험하는 활동이다. 또한 민요를 배우고 장단을 익히며 거북춤 모듈을 리듬감있게 춤출 수 있도록 한다.
학습 목표	· 뒤엎어지기, 꼬리치기, 헤엄치기 동작에 대해 알 수 있다. · 자신의 몸을 인식하며 몸을 깨울 수 있다. · 민요와 함께 장단을 익힐 수 있다. · 뒤엎어지기, 꼬리치기, 헤엄치기 동작을 춤출 수 있다.
수업 교구	· 아이패드
춤, 이야기	  '뒤엎어지기, 꼬리치기, 헤엄치기동작' 영상

[3차시] 복 표현하기

	활동	교수·학습활동	지도상의 유의점	음원
도입	춤, 이야기 춤, 이미지	〈인문학 이야기〉 　인문학과 함께하는 사전영상 이야기 　나누고 공감하기 〈몸 깨우기〉 　신체 부위별로 털기, 두드리기, 돌리기, 　늘리기를 하며 자신의 몸을 인식하고 　깨우기	몸에 집중하여 관절을 이완하며 몸의 기운이 순환되도록 유도	자연의 소리
전개	춤, 이미지 춤, 민요	〈장단 배우기〉 　구음, 무릎치기, 박수치기 등을 활용하 　여 삼채장단을 다양한 방법으로 익히기 〈민요 배우기〉 　리듬감있게 거북춤 모듈 민요 배우기 〈뒤엎어지기〉 　거북이가 뒤집어지고 엎어지는 모습을 　형상화한 뒤엎어지기 동작 표현하기 〈꼬리치기〉 　거북이가 꼬리치듯 손을 엉덩이 뒤로 꼬 　리를 만들어 좌우로 흔들기 〈헤엄치기〉 　거북이가 물속에서 헤엄치듯 두 팔과 　발을 작게, 크게 원으로 돌리기 〈다함께 춤추기〉 　다 같이 원을 이루어 배운 동작을 자유 　롭게 표현하기 　① 고개내밀기 　② 기어가기1 　③ 기어가기2 　④ 뒤엎어지기 　⑤ 꼬리치기 　⑥ 헤엄치기	입으로 장단을 타며 다양한 방법으로 장단을 익히도록 지도 몸으로 리듬을 타며 민요를 부르도록 유도 방향을 전환하며 움직임을 표현하도록 지도 학습자 간 공간을 충분히 확보 학습자 간 교감을 하며 활동에 참여하도록 학습 분위기 조성	거북춤 모듈 민요
마무리	춤, 메시지	〈호흡 다스리기〉 　누워서 호흡을 다스리며 에너지의 흐름 　을 느끼고 치유하기	학습자가 천천히 호흡을 다스릴 수 있도록 차분한 분위기 조성	자연의 소리

복 창조하기

학습 개요	거북춤 모듈을 다양하게 창조하는 활동이다. 고개내밀기, 기어가기1, 기어가기2, 뒤엎어지기, 꼬리치기, 헤엄치기 동작을 민요에 맞춰 완성도 있게 구성하고 디지털 영상으로 기록하여 기록한 영상을 공유한다.
학습 목표	· 고개내밀기, 기어가기1, 기어가기2, 뒤엎어지기, 꼬리치기, 헤엄치기 동작을 춤출 수 있다. · 거북춤 모듈을 다양하게 창조할 수 있다. · 거북춤 모듈을 디지털 영상으로 기록할 수 있다. · 기록한 영상을 공유하며 이야기 나눌 수 있다.
수업 교구	· 아이패드 · 학습자별 핸드폰
춤, 이야기	 '거북춤 모듈' 영상

[4차시] 복 창조하기

	활동	교수·학습활동	지도상의 유의점	음원
도입	춤, 이야기 춤, 이미지	〈인문학 이야기〉 인문학과 함께하는 사전영상 이야기 나누고 공감하기 〈몸 깨우기〉 신체 부위별로 털기, 두드리기, 돌리기, 늘리기를 하며 자신의 몸을 인식하고 깨우기	몸에 집중하여 관절을 이완하며 몸의 기운이 순환되도록 유도	자연의 소리
전개	춤, 민요 춤, 미디어	〈민요춤 추기〉 거북춤 모듈을 최종적으로 배우고 익히기 ① 고개내밀기 ② 기어가기1 ③ 기어가기2 ④ 뒤엎어지기 ⑤ 꼬리치기 ⑥ 헤엄치기 <디지털 춤·춤·춤> 그룹별 영상 촬영 후, 촬영한 영상을 보면서 이야기 공유하기	민요에 맞춰 리듬감있게 춤을 출 수 있도록 지도 자유롭게 의견을 나누며 창의적으로 영상을 촬영하도록 지도	거북춤 모듈 민요
마무리	춤, 메시지	〈호흡 다스리기〉 누워서 호흡을 다스리며 에너지의 흐름을 느끼고 치유하기	학습자가 천천히 호흡을 다스릴 수 있도록 차분한 분위기 조성	자연의 소리

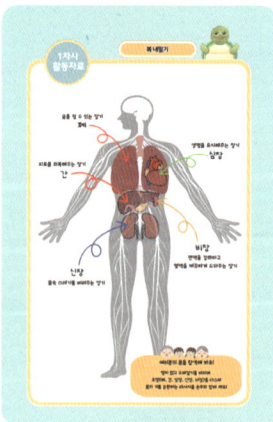

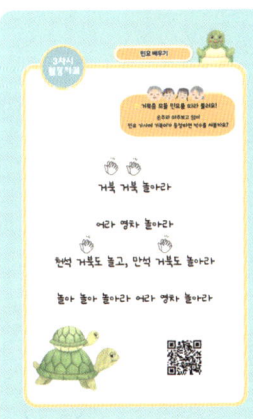

| 유아 콘텐츠 |

"아리아롱 꽃지팡이를 찾아줘"

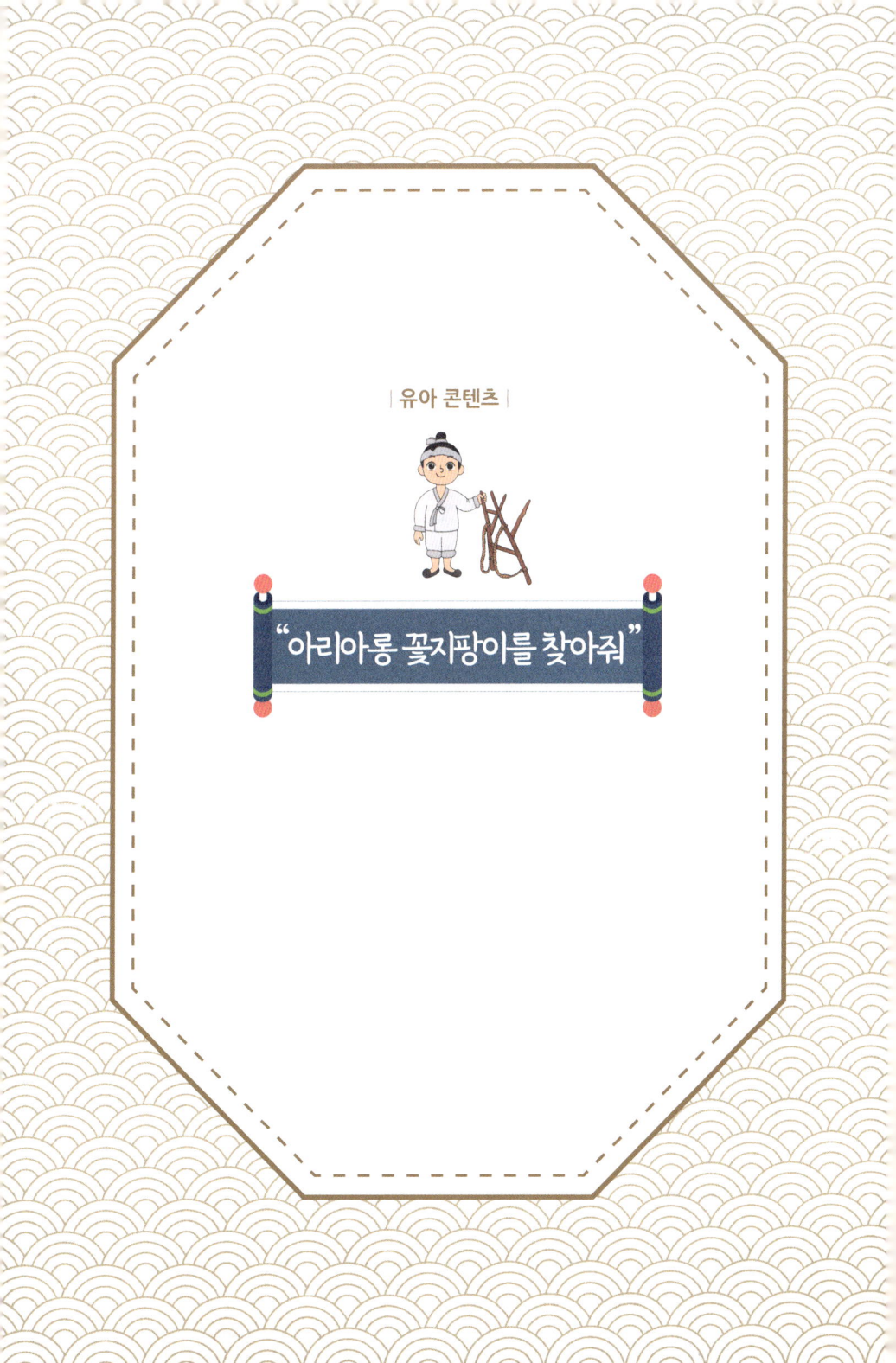

지게토리 콘텐츠의 구성

'지게토리 콘텐츠'는 공주선학리지게놀이와 과천나무꾼놀이의 네 가지 과장을 바탕으로 지게꾼의 몸짓을 형상화한 교육 콘텐츠이다. 지게놀이 안에 담겨 있는 지게꾼들의 놀이 중 지게로 상여를 형상화하여 상여가 나가는 몸짓, 흥을 돋우기 위해 지게 작대기를 치는 몸짓, 지게 위로 올라가 지게를 밟는 몸짓, 지게 위에 올라가 양발로 걸음마 하는 듯한 몸짓을 추출하여 '지게춤 모듈'로 구성하였고, 이를 유아 발달 단계에 적합한 교육적 소재와 융합하여 **'지게토리 콘텐츠'**가 탄생하였다.

지게토리 STORY

"친구들 안녕~ 난 지게토리라고 해!!!
 지금 숲속 여행을 가려고 하는데
도시락과 물을 어디에다 가지고 가지??
아하! 옛날 우리 할아버지가 쓰시던 지게가 있었지~
혹시 친구들은 지게를 메본 적이 있어? 없다고?!!
그럼 친구들! 이제 지게에 짐을 챙겨 지게 토리와 함께 숲속 힐링하러
산으로 가보지 않을래? 출발~"

"우와!! 드디어 도착!!
어?! 근데 내 지게 지팡이를 잃어버렸어!!! 흑흑..
내가 어디서 잃어버렸을까? 숲속 친구들~ 혹시 내 지팡이를 본적이 있니?
내 지팡이는 꽃이 달려있는 예쁜 꽃지팡이야"

"산신령님!!! 제가 잃어버린 지팡이가 연못에 있다고 들었어요...
제 지팡이는 꽃지팡이에요!!"

"친구들~ 친구들이 도와준 덕분에 내 꽃지팡이를 찾을 수 있었어~
정말 고마워
 잃어버린 꽃지팡이도 찾았으니 지게놀이를 하려고 하는데
친구들도 함께 가지 않을래?
빨리 가자!!"

지게토리 민요

아리아롱 쓰-리 쓰롱
아리아롱 쓰리 쓰롱
아리아롱 쓰-리 쓰롱 아라리요

아리아롱 쓰-리 쓰롱
아리아롱 쓰리 쓰롱
아리아롱 쓰리 쓰롱
아리아롱 쓰리 쓰롱 아라리요

숲속친구들 모두 반겨주네 (예에)
새소리 바람소리 들으면서

아리아롱 쓰-리 쓰롱
아리아롱 쓰리 쓰롱
아리아롱 쓰리 쓰롱
아리아롱 쓰리 쓰롱 아라리요

지게를 메고 숲속으로 가자 (예에)
새소리 바람소리 들으면서

아-리아롱 쓰리 쓰롱
아리아롱 쓰리 쓰롱
아리아롱 쓰리 쓰롱
아리아롱 쓰리 쓰롱 아라리요
아-리-아-롱
쓰-리-쓰-롱 (예에)

지게토리

편곡 양용준

'지게토리' 수업의 전체 전개

1차시

숲속 힐링 여행을 떠나요
- 춤, 이야기 - 숲속 힐링 여행
- 춤, 이미지 - 팔을 사용하여 지게를 표현
- 춤, 디자인 - 나만의 지게 꾸미기
- 춤, 미디어 - 디지털 매체를 활용하여 산속 안전에 대해 인지
- 춤, 메시지 - 수업내용을 이해하고 공감하기

2차시

숲속 친구들 안녕
- 춤, 이야기 - 숲속 친구들 안녕
- 춤, 이미지 - 숲속 동식물을 움직임으로 표현
- 춤, 미디어 - 동식물 이미지 마커 설정
- 춤, 민요 - 지게토리와 함께 하는 한국 민요춤
- 춤, 메시지 - 수업내용을 이해하고 공감하기

3차시

내 꽃지팡이를 찾아줘
- 춤, 이야기 - 내 꽃지팡이를 찾아줘
- 춤, 미디어 - 연못 속 산신령 이야기 시청
- 춤, 민요 - 지게토리와 함께 하는 한국 민요춤
- 춤, 메시지 - 수업내용을 이해하고 공감하기

4차시

친구들과 지게 놀이
- 춤, 이야기 - 친구들과 지게 놀이
- 춤, 이미지 - 지게놀이, 공 던지기 놀이
- 춤, 민요 - 지게토리와 함께 하는 한국 민요춤
- 춤, 메시지 - 수업내용을 이해하고 공감하기

숲속 힐링 여행을 떠나요

학습 개요	산에 갔을 때 지켜야 할 예절 및 안전에 대해 알아보고, 이를 바탕으로 환경보존의 중요성을 이해할 수 있다. 쓰레기를 줍고 지게에 넣는 신체활동으로 지게를 활용하여 창의적인 움직임을 확장한다.
학습 목표	· 숲속 예절을 알 수 있다. · AR TOOLKIT을 활용하여 픽토그램을 이해하며 안전에 대해 학습할 수 있다. · 환경보존의 중요성을 이해할 수 있다.
수업 교구	· 지게를 활용하여 창의적으로 움직임을 확장할 수 있다. · 아이패드(AR TOOLKIT 애플리케이션) · 등산 픽토그램 모형판 · 학습자 개별 지게 · 다양한 쓰레기 모형
춤, 이야기	   '숲 속 힐링 여행을 떠나요' 영상

Ⅱ. 한국 민요춤 교육콘텐츠 203

[1차시] 숲속 힐링 여행을 떠나요

	활동	교수·학습활동	지도상의 유의점	음원
도입	하이인사	한국 민요춤 하이인사를 통해 친구들, 선생님과 인사를 나누며 가볍게 몸풀기 열을 맞춰 학습자들을 정렬한 뒤 하이인사 노래와 춤을 설명	학습자의 출석 및 건강상태 확인	Hi song
	춤, 이야기 춤, 미디어	〈지게 메기〉 온라인 영상 속에 나왔던 지게를 소개하고 스스로 지게를 멜 수 있도록 설명 〈등산 픽토그램〉 AR TOOLKIT을 활용하여 등산 픽토그램 마커판에 아이패드 마커를 대면 등산 픽토그램 구현 픽토그램을 보여주며 숲속 안전에 대해 배움	학습자 몸에 맞게 지게를 메도록 지도 질서를 지키도록 학습자 통솔 숲해설가가 되어 산에 갔을 때의 예절, 안전에 대한 '픽토그램' 설명하며 흥미유발	
	교구	· 등산 픽토그램 마커판 · 아이패드(AR TOOLKIT 애플리케이션)		
전개	춤, 이미지 춤, 디자인 춤, 민요	〈지게토리춤〉 ① 지게 메기 ② 지게 걸어가기 ③ 지게 만들기 〈힘을 모아 쓰레기를 주워요〉 활동실 안의 쓰레기 줍고 지게에 넣는 신체활동 〈나만의 지게 꾸미기〉 교사가 나눠주는 칭찬 스티커를 지게에 꾸미며 나만의 지게를 완성	음악에 맞춰 리듬감있게 춤을 출 수 있도록 유도 교사의 설명을 듣고 활동에 대한 규칙을 인지하고 활동하기	지게토리 민요
	교구	· 학습자 개별 지게 · 다양한 쓰레기 모형		

[1차시] 숲속 힐링 여행을 떠나요

	활동	교수·학습활동	지도상의 유의점	음원
마무리	춤, 메시지	1차시 수업의 전반적인 내용을 이해하고 공감하기 〈차시예고〉 숲속에서 여행 중 누구를 만나게 될지 설명	수업 내용에 대한 설명과 가치를 유도하며 학습자간의 의견이 공유될 수 있도록 학습분위기 조성 2차시 수업 내용에 대한 흥미유발	
	바이인사	바이인사를 통해 친구들, 선생님과 수업의 마무리	교사의 설명을 듣고 바이인사를 배우며 수업을 마무리	Bye song

활동모습

〈등산 픽토그램 AR TOOLKIT 활동〉

〈쓰레기를 주워 지게에 넣는 활동〉

숲속 친구들 안녕

학습 개요	AR TOOLKIT을 활용하여 숲속 동식물에 대해 이야기해본다. 감각을 자극하여 숲속 동식물을 움직임으로 표현하며, 지게토리의 특징을 살려 자유롭게 움직임으로 확장한다.
학습 목표	· AR TOOLKIT을 활용하여 숲속 동식물을 알 수 있다. · 감각을 자극하여 숲속 동식물을 움직임으로 표현할 수 있다. · 지게토리의 특징을 살려 움직임으로 표현할 수 있다. · 신체활동을 통하여 집중력과 협동심을 향상시킬 수 있다.
수업 교구	· 아이패드(AR TOOLKIT 애플리케이션) · 동식물 이미지 마커판 · 연못 모형 · 마스킹 테이프
춤, 이야기	    '숲 속 친구들 안녕' 영상

[2차시] 숲속 친구들 안녕

	활동	교수·학습활동	지도상의 유의점	음원
도입	하이인사	한국 민요춤 하이인사를 통해 친구들, 선생님과 인사를 나누며 가볍게 몸풀기 열을 맞춰 학습자들을 정렬한 뒤 하이인사 노래와 춤을 설명	학습자의 출석 및 건강상태 확인	Hi song
	춤, 이야기 춤, 미디어	〈잃어버린 꽃지팡이를 찾으러가자〉 잃어버린 꽃지팡이를 찾으러 간다는 상황 설명	교사의 설명을 듣고 현재의 상황에 대해 인지	
	춤, 민요	〈아리아롱 쓰리스롱 아리리요〉 민요와 장단을 배우고 함께 불러 보기 민요를 학습자에게 직접 불러주며 설명	교사의 설명을 듣고 지게토리 민요를 배운 뒤 직접 불러봄	지게토리 민요

[2차시] 숲속 친구들 안녕

	활동	교수·학습활동	지도상의 유의점	음원
전개	춤, 이미지 춤, 디자인 춤, 민요	〈꼬불꼬불 숲속 길을 걸어요〉 꼬불꼬불 길을 걷는 활동으로 기차놀이를 하며 1차시에 배웠던 지게토리춤을 복습 ① 지게메기 ② 지게 걸어가기 ③ 지게 만들기 〈물음표 놀이〉 AR TOOLKIT을 활용하여 각각의 공간에 붙어있는 이미지(발자국, 나뭇잎, 연못)를 패드로 인식하면 (새, 나무, 개구리) 등장 1) 발자국 → 새 표현 2) 나뭇잎 → 나무 표현 4) 연못 → 개구리 표현 ※ 잃어버린 지팡이를 찾는 장소 → 연못 동식물 발자국으로 설정해놓은 길을 따라서 동식물들의 움직임으로 자유롭게 표현하도록 설명 '지게 만들기' 춤을 추며 숲속 길 걷기 〈지게토리춤〉 ① 지게메기 ② 지게 걸어가기 ③ 지게 만들기 ④ 지팡이 짚기	음악에 맞춰 리듬감있게 춤을 출 수 있도록 유도 교사의 설명을 듣고 활동에 대한 규칙을 인지 학습자가 교구를 위에서 활동할 때 넘어지지 않도록 지도 미션 달성 후 질서있게 기다리도록 지도 1차시부터 배운 민요춤을 반복하며 학습자가 습득할 수 있도록 지도	지게토리 민요
	교구	· 아이패드(AR TOOLKIT 애플리케이션) · 동식물 발자국 스티커 마커판 · 연못 모형 · 마스킹 테이프		

[2차시] 숲속 친구들 안녕

	활동	교수·학습활동	지도상의 유의점	음원
마무리	춤, 메시지	수업의 전반적인 내용을 이해하고 공감하기 〈차시예고〉 꽃지팡이를 잃어버렸다는 이야기 설명	수업 내용에 대한 설명과 가치를 유도 3차시 수업 내용에 대한 흥미유발	
	바이인사	바이인사를 통해 친구들, 선생님과 수업의 마무리	교사의 설명을 듣고 바이인사를 배우며 수업을 마무리	Bye song
활동모습	 〈물음표 놀이 활동1_발자국〉		 〈물음표 놀이 활동2_나뭇잎〉	

3차시

내 꽃지팡이를 찾아줘

학습 개요	잃어버린 지게 지팡이를 찾는 활동으로 소품을 활용하여 창의적인 움직임을 확장한다. 지게 지팡이를 찾는 과정 속에 교훈을 얻고 서로의 감정을 공유하며 올바른 태도를 지닌다.
학습 목표	· 동화를 통해 상상력을 자극할 수 있다. · 지게토리의 움직임을 자유롭게 표현할 수 있다. · 소품을 활용하여 창의적인 움직임을 수행할 수 있다. · 교훈을 통해 서로의 감정을 공유하고 올바른 태도를 지닐 수 있다.
수업 교구	· 다양한 형태의 지팡이(꽃지팡이, 똥지팡이, 보석지팡이) · 아이패드(AR TOOLKIT 애플리케이션) · 연못 모형 · 마스킹테이프
춤, 이야기	    '내 꽃 지팡이를 찾아줘' 영상

[3차시] 내 꽃지팡이를 찾아줘

	활동	교수·학습활동	지도상의 유의점	음원
도입	하이인사	한국 민요춤 하이인사를 통해 친구들, 선생님과 인사를 나누며 가볍게 몸풀기 열을 맞춰 학습자들을 정렬한 뒤 하이인사 노래와 춤을 설명	학습자의 출석 및 건강상태 확인	Hi song
	춤, 이야기 춤, 미디어	〈연못에 도착〉 숲속 동물들의 도움을 받아 연못에 무사히 도착했다는 상황 설명	연못에 도착한 상황에 대해 인지하도록 지도하며 흥미유발	
	춤, 민요	〈아리아롱 쓰리스롱 아리리요〉 민요 함께 불러 보기	리듬을 타며 민요를 부르도록 유도	지게토리 민요
전개	춤, 미디어	〈"무엇이 너의 지팡이냐?"〉 연못 속 산신령 이야기 시청 다양한 지팡이 중에 잃어버린 꽃지팡이 찾기	질서 있게 앉아 영상을 시청할 수 있도록 지도 자유롭게 친구들과 의견을 나눌 수 있도록 수업 분위기 조성	

[3차시] 내 꽃지팡이를 찾아줘

	활동	교수·학습활동	지도상의 유의점	음원
전개	춤, 민요	〈지게 지팡이를 활용한 지게토리춤〉 ① 지팡이 춤추기 ② 지팡이 돌기 ③ 지게 인사하기	지팡이를 들고 춤출 때 안전상의 유의점 지도 음악에 맞춰 리듬감있게 춤을 출 수 있도록 유도	
	교구	· 다양한 형태의 지팡이(꽃지팡이, 똥지팡이, 보석지팡이) · 아이패드(AR TOOLKIT 애플리케이션) · 연못 모형 · 마스킹테이프		
마무리	춤, 메시지	수업의 전반적인 내용을 이해하고 공감하기 〈차시예고〉 잃어버린 지팡이를 찾아서 기쁜 마음에 친구들과 지게 놀이를 하러 간다는 내용 설명	수업 내용에 대한 설명과 가치를 유도 4차시 수업 내용에 대한 흥미 유발	
	바이인사	바이인사를 통해 친구들, 선생님과 수업의 마무리	교사의 설명을 듣고 바이인사를 배우며 수업을 마무리	Bye song

활동모습		

〈연못 속 산신령 이야기 활동〉

〈지게 지팡이를 활용한 지게토리춤〉

4차시

친구들과 지게놀이

학습 개요	지게를 응용하여 새로운 놀이를 만들고 친구들과 협동하는 활동이다. 지게를 메고 다양하게 공간을 구성하고, 이를 바탕으로 지게토리의 움직임을 자유롭게 표현하며 지게토리춤을 춘다.
학습 목표	· 지게를 메고 지게토리춤을 출 수 있다. · 지게를 활용하여 다양하게 공간을 구성할 수 있다. · 지게토리의 움직임을 자유롭게 표현할 수 있다. · 친구들과 협력하여 적극적으로 참여할 수 있다.
수업 교구	· 학습자 개별 지게와 지팡이 · 마스킹테이프 · 공
춤, 이야기	    '친구들과 지게놀이' 영상

[4차시] 친구들과 지게놀이

	활동	교수·학습활동	지도상의 유의점	음원
도입	하이인사	한국 민요춤 하이인사를 통해 친구들, 선생님과 인사를 나누며 가볍게 몸풀기 열을 맞춰 학습자들을 정렬한 뒤 하이인사 노래와 춤을 설명	학습자의 출석 및 건강상태 확인	Hi song
	춤, 이야기 춤, 미디어	〈우리 다같이 지게토리와 함께 놀자〉 지게놀이를 하러 숲속 마을에 온 상황을 설명	학습자에게 숲속 마을에 온 상황임을 인지하도록 지도하며 흥미유발	
	춤, 민요	〈아리아롱 쓰리스롱 아리리요〉 민요 함께 불러 보기	리듬을 타면 민요를 부르도록 유도	지게토리 민요
전개	춤, 이미지	〈지게놀이〉 4인 지게 협동 놀이로 각자의 지팡이를 활용하여 엇갈려 사각형을 만든 후 풋볼을 올려 떨어지지 않게 이동하여 미션 존에 골인	신체활동 전 규칙을 알려주고 질서있게 놀이를 할 수 있도록 지도 교사가 직접 시범을 보이며 놀이의 규칙을 이해하도록 유도	

[4차시] 친구들과 지게놀이

	활동	교수·학습활동	지도상의 유의점	음원
전개	춤, 이미지 춤, 민요	〈공 던지기〉 시작라인에 서서 미션 공간에 공을 던져 골인 시키기 〈지게토리춤 추기〉 1-4차시까지 배운 민요춤 연결 ① 지게 메기 ② 지게 걸어가기 ③ 지게 만들기 ④ 지팡이 짚기 ⑤ 지팡이 춤추기 ⑥ 지팡이 돌기 ⑦ 지게 인사하기	팀별 응원가를 만들어 신나는 학습 분위기 조성 음악에 맞춰 리듬감있게 춤을 출 수 있도록 유도	지게토리 민요
	교구	· 학습자 개별 지게와 지팡이 · 마스킹테이프 · 공		

[4차시] 친구들과 지게놀이

	활동	교수·학습활동	지도상의 유의점	음원
마무리	춤, 메시지	수업 전체를 마무리하며 최종적으로 느낀 점에 대해 이야기를 나누는 시간을 갖기	4차시에 학습한 지게토리 수업에 대한 소감을 묻기	
	바이인사	바이인사를 통해 친구들, 선생님과 수업의 마무리	교사의 설명을 듣고 바이인사를 배우며 수업을 마무리	Bye song

활동모습	

〈지게놀이 활동〉	〈공 던지기 활동〉

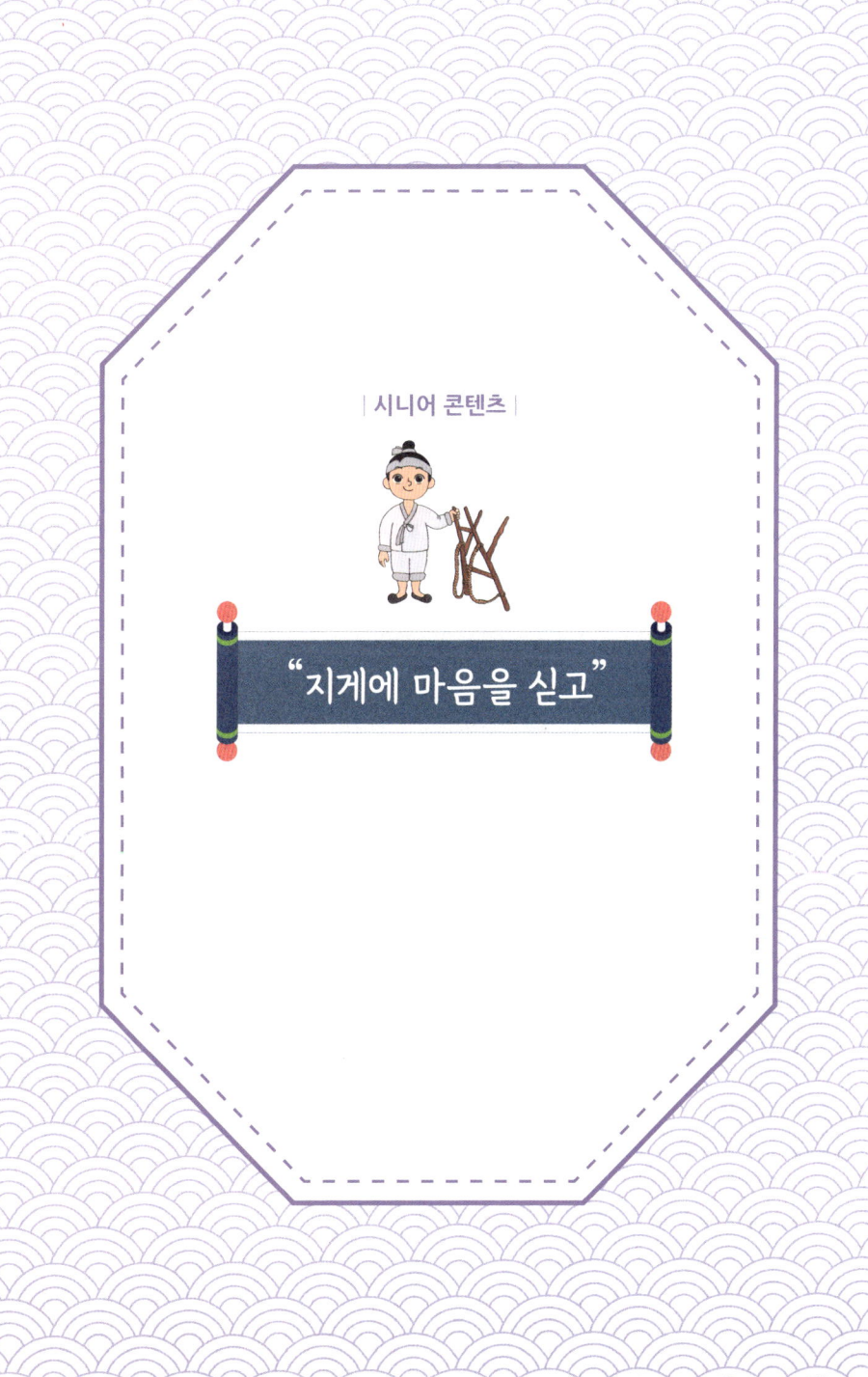

지게토리 콘텐츠의 구성

'지게토리 콘텐츠'는 공주선학리지게놀이와 과천나무꾼놀이의 네 가지 과장을 바탕으로 지게꾼의 몸짓을 형상화한 교육 콘텐츠이다. 지게놀이 안에 담겨 있는 지게꾼들의 놀이 중 지게로 상여를 형상화하여 상여가 나가는 몸짓, 흥을 돋우기 위해 지게 작대기를 치는 몸짓, 지게 위로 올라가 지게를 밟는 몸짓, 지게 위에 올라가 양발로 걸음마 하는 듯한 몸짓을 추출하여 '지게춤 모듈'로 구성하였고, 이를 시니어의 신체활동과 정서적 교감을 도울 수 있는 교육적 소재와 접목시켜 **'지게토리 콘텐츠'**를 탄생시켰다.

'지게토리' 수업의 전체 전개

1차시 — 마음 다스리기
- 춤, 이야기 - 인문학 이야기
- 춤, 미디어 - 인의예지仁義禮智란 무엇일까요?
- 춤, 이미지 - 서로를 안아주세요!
- 춤, 메시지 - 수업내용을 이해하고 공감하기

2차시 — 마음 만들기
- 춤, 이야기 - 인문학 이야기
- 춤, 미디어 - 날 따라해봐요!
- 춤, 디자인 - 지게 작대기를 꾸며보아요!
- 춤, 이미지 - 지게 놀이
- 춤, 민요 - 함께 하는 한국 민요춤
- 춤, 메시지 - 수업내용을 이해하고 공감하기

3차시 — 마음 표현하기
- 춤, 이야기 - 인문학 이야기
- 춤, 미디어 - 지게춤 모듈 민요를 따라 불러요!
- 춤, 이미지 - 지게춤 모듈을 배워볼까요?
- 춤, 민요 - 함께 하는 한국 민요춤
- 춤, 메시지 - 수업내용을 이해하고 공감하기

4차시 — 마음 창조하기
- 춤, 이야기 - 인문학 이야기
- 춤, 이미지 - 지게춤 모듈 민요춤 추기
- 춤, 미디어 - 디지털 춤·춤·춤
- 춤, 민요 - 함께 하는 한국 민요춤
- 춤, 메시지 - 수업내용을 이해하고 공감하기

마음 다스리기

학습 개요	한국 민요춤 지게춤 모듈을 활용한 내용으로 마음을 다스리는 활동이다. 인간의 본성에서 우러나오는 마음을 뜻하는 맹자의 인의예지(측은지심, 수오지심, 사양지심, 시비지심)개념을 통해 자신의 마음을 들여다본다. 또한 호흡을 통해 마음의 안정과 정신적 평온을 느낀다.
학습 목표	· 지게춤 모듈의 역사와 놀이의 배경을 알 수 있다. · 자신의 마음을 들여다보며 감정을 다스릴 수 있다. · 호흡을 통해 마음의 안정과 정신적 평온을 느낄 수 있다. · 호흡을 다스리며 힐링을 경험할 수 있다.
수업 교구	· 싱잉볼
춤, 이야기	  '지게춤 모듈의 역사여행' 영상

[1차시] 마음 다스리기

	활동	교수·학습활동	지도상의 유의점	음원
도입	춤, 이야기 춤, 이미지	〈인문학 이야기〉 인문학과 함께하는 사전영상 이야기 나누고 공감하기 〈몸 깨우기〉 신체 부위별로 털기, 두드리기, 돌리기, 늘리기를 하며 자신의 몸을 인식하고 깨우기	몸에 집중하여 관절을 이완하며 몸의 기운이 순환되도록 유도	자연의 소리
전개	춤, 이미지 춤, 미디어	〈마음 다스리기〉 호흡법에 대해 알고 자신의 마음을 들여다보며 생각 공유하기 마음을 다스릴 수 있는 영상시청 ★손주와 함께하는 활동 마음에는 무엇이 들어있을까요?라는 주제로 손주와 이야기 나누기 ex) 마음 속에는 무엇이 들어있을까요? 착한 마음일까요? 나쁜 마음일까요? 인의예지(仁義禮智)란 무엇일까요? 인의예지에 대해 알아보고, 손주와 함께 인의예지에 대해 이야기 나누기 ex) 활동자료의 QR코드를 핸드폰으로 인식하여 인지예지의 설명보기 〈마음 지기〉 서로의 눈을 바라보며 손을 마주 잡는 등 다양한 컨텍을 통해 마음을 이해하는 친구가 되어보기 〈다함께 춤추기〉 다 같이 원을 이루어 배운 동작을 자유롭게 표현하기 ① 지게지기	온전히 나에 집중할 수 있도록 학습자 동기유발 학습자 간 교감을 하며 활동에 참여하도록 학습 분위기 조성	지게춤 모둠 민요
마 무 리	춤, 메시지	〈호흡 다스리기〉 누워서 호흡을 다스리며 에너지의 흐름을 느끼고 치유하기	학습자가 천천히 호흡을 다스릴 수 있도록 차분한 분위기 조성	자연의 소리

Ⅱ. 한국 민요춤 교육콘텐츠

마음 만들기

학습 개요	상여 나가기 동작을 활용하여 욕심을 버리고 마음의 균형을 찾아가는 활동이다. 마음의 짐을 마치 지게꾼이 상여를 엎고 걷는 모습처럼 구현하여 좌우 호흡과 함께 몸의 리듬감을 키운다. 또한 지게 작대기 치기 동작을 활용한 창의적인 지게춤 모듈을 춘다.
학습 목표	· 상여 나가기, 지게 작대기 치기 동작에 대해 알 수 있다. · 마음의 짐을 마치 지게꾼이 상여를 엎고 걷는 모습처럼 구현할 수 있다. · 지게 작대기를 치듯이 신체를 두드리며 마음의 근력을 키울 수 있다. · 지게 작대기를 활용한 창의적인 지게춤 모듈을 출 수 있다.
수업 교구	· 학습자별 지게 작대기
춤, 이야기	  '상여나가기 지게작대기치기 동작' 영상

[2차시] 마음 만들기

	활동	교수·학습활동	지도상의 유의점	음원
도입	춤, 이야기 춤, 이미지	〈인문학 이야기〉 인문학과 함께하는 사전영상 이야기 나누고 공감하기 〈몸 깨우기〉 신체 부위별로 털기, 두드리기, 돌리기, 늘리기를 하며 자신의 몸을 인식하고 깨우기	몸에 집중하여 관절을 이완하며 몸의 기운이 순환되도록 유도	자연의 소리
전개	춤, 이미지 춤, 디자인 춤, 민요	〈작대기 꾸미기〉 지게 작대기를 자신만의 스타일로 꾸미기 〈지게 놀이〉 지게를 활용하여 장치기, 투호 등 놀이하기 〈다함께 춤추기〉 다 같이 원을 이루어 배운 동작을 자유롭게 표현하기 ① 지게지기 ② 상여나가기 ③ 지게 작대기 치기	학습자별 개성 있게 지게 작대기를 꾸미도록 유도 안전에 유의하도록 지도 학습자 간 교감을 하며 활동에 참여하도록 학습 분위기 조성	지게춤 모듈 민요
마무리	춤, 메시지	〈호흡 다스리기〉 누워서 호흡을 다스리며 에너지의 흐름을 느끼고 치유하기	학습자가 천천히 호흡을 다스릴 수 있도록 차분한 분위기 조성	자연의 소리

3차시

마음 표현하기

학습 개요	지게 밟기, 지게 걸음마하기, 나뭇잎 털기 동작에 대해 이해하고 경험하는 활동이다. 또한 민요를 배우고 장단을 익히며 지게춤 모듈을 리듬감있게 춤출 수 있도록 한다.
학습 목표	· 지게 밟기, 지게 걸음마하기, 나뭇잎 털기 동작에 대해 알 수 있다. · 자신의 몸을 인식하며 몸을 깨울 수 있다. · 민요와 함께 장단을 익힐 수 있다. · 지게 밟기, 지게 걸음마 하기, 나뭇잎 털기 동작을 춤출 수 있다.
수업 교구	· 학습자별 지게 작대기
춤, 이야기	  '지게밟기 지게걸음마하기 나뭇잎털기 동작' 영상

[3차시] 마음 표현하기

	활동	교수·학습활동	지도상의 유의점	음원
도입	춤, 이야기 춤, 이미지	〈인문학 이야기〉 인문학과 함께하는 사전영상 이야기 나누고 공감하기 〈몸 깨우기〉 신체 부위별로 털기, 두드리기, 돌리기, 늘리기를 하며 자신의 몸을 인식하고 깨우기	몸에 집중하여 관절을 이완하며 몸의 기운이 순환되도록 유도	자연의 소리
전개	춤, 이미지 춤, 민요	〈장단 배우기〉 구음, 무릎치기, 박수치기 등을 활용하여 삼채장단을 다양한 방법으로 익히기 〈민요 배우기〉 리듬감있게 지게춤 모듈 민요 배우기 〈지게 밟기〉 지게를 밟는 것처럼 같은 발, 같은 손이 한 발씩 두 번 나갔다가 다시 제자리로 돌아오기 〈지게 걸음마하기〉 마치 작대기를 든 것처럼 양손을 주먹 쥐고 지게 위에 올라 타서 걸음마를 하듯 제자리걸음하기 〈나뭇잎 털기〉 지게꾼이 몸에 붙은 나뭇잎 혹은 나뭇가지를 털어내는 동작 표현하기 〈다함께 춤추기〉 다 같이 원을 이루어 배운 동작을 자유롭게 표현하기 ① 지게지기 ② 상여나가기 ③ 지게 작대기치기 ④ 지게 밟기 ⑤ 지게 걸음마하기 ⑥ 나뭇잎 털기	입으로 장단을 타며 다양한 방법으로 장단을 익히도록 지도 몸으로 리듬을 타며 민요를 부르도록 유도 방향을 전환하며 움직임을 표현하도록 지도 학습지 간 공간을 충분히 확보 학습자 간 교감을 하며 활동에 참여하도록 학습 분위기 조성	지게춤 모듈 민요
마무리	춤, 메시지	〈호흡 다스리기〉 누워서 호흡을 다스리며 에너지의 흐름을 느끼고 치유하기	학습자가 천천히 호흡을 다스릴 수 있도록 차분한 분위기 조성	자연의 소리

마음 창조하기

학습 개요	지게춤 모듈을 다양하게 창조하는 활동이다. 지게지기, 상여나가기, 지게 작대기치기, 지게 밟기, 지게 걸음마하기, 나뭇잎 털기 동작을 민요에 맞춰 완성도 있게 구성하고 디지털 영상으로 기록하여 기록한 영상을 공유한다.
학습 목표	· 지게춤 모듈 동작을 춤출 수 있다. · 지게춤 모듈을 다양하게 창조할 수 있다. · 지게춤 모듈을 디지털 영상으로 기록할 수 있다. · 기록한 영상을 공유하며 이야기 나눌 수 있다.
수업 교구	· 아이패드 · 학습자별 핸드폰
춤, 이야기	 '지게춤 모듈' 영상

[4차시] 마음 창조하기

	활동	교수·학습활동	지도상의 유의점	음원

도입	춤, 이야기
	춤, 이미지
		〈인문학 이야기〉
		  인문학과 함께하는 사전영상 이야기 나누고 공감하기
		〈몸 깨우기〉
		  신체 부위별로 털기, 두드리기, 돌리기, 늘리기를 하며 자신의 몸을 인식하고 깨우기
			몸에 집중하여 관절을 이완하며 몸의 기운이 순환되도록 유도	자연의 소리

전개	춤, 민요 춤, 미디어	〈민요춤 추기〉 지게춤 모듈을 최종적으로 배우고 익히기 ① 지게지기 ② 상여나가기 ③ 지게 작대기치기 ④ 지게 밟기 ⑤ 지게 길음미히기 ⑥ 나뭇잎 털기 〈디지털 춤·춤·춤〉 그룹별 영상 촬영 후, 촬영한 영상을 보면서 이야기 공유하기	민요에 맞춰 리듬감있게 춤을 출 수 있도록 지도 자유롭게 의견을 나누며 창의적으로 영상을 촬영하도록 지도	지게춤 모듈 민요
마무리	춤, 메시지	〈호흡 다스리기〉 누워서 호흡을 다스리며 에너지의 흐름을 느끼고 치유하기	학습자가 천천히 호흡을 다스릴 수 있도록 차분한 분위기 조성	자연의 소리

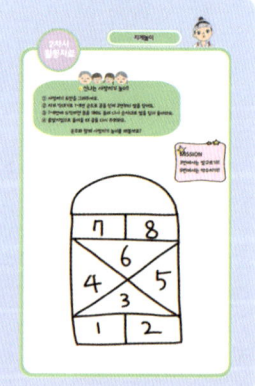

유아 콘텐츠

"애들아 씨앗을 심자"

씨앗토리 콘텐츠의 구성

'씨앗토리 콘텐츠'는 용전들노래, 수영농청놀이에서 공통적으로 볼 수 있는 노동 과정의 몸짓을 바탕으로 형상화한 교육 콘텐츠이다. 논농사를 하기 위해 땅을 고르는 몸짓, 가래질하는 몸짓, 모를 찌는 몸짓, 김매기를 하는 몸짓을 추출하여 '논농사춤 모듈'로 구성하였고, 이를 유아 발달 단계에 적합한 교육적 소재와 융합하여 '**씨앗토리 콘텐츠**'가 탄생하였다.

씨앗토리 STORY

"친구들 안녕~ 난 씨앗토리라고 해!!

어? 어디서 우는 소리가 들리는데... 한번 찾아가 볼까?

제비야 안녕! 난 씨앗토리라고 해. 왜 울고 있니?"

"우와~ 친구들!!!

친구들이 도와준 덕분에 제비의 아픈 다리가 나아졌어~

이제 다시 하늘을 자유롭게 날 수 있어!

제비가 고맙다고 선물을 주고 갔는데

이 예쁜 복주머니에는 씨앗이 들어 있어~

우리 같이 심어볼까?"

"친구들~ 씨앗을 심느라 고생했어

이제 더 큰 밭에 농사를 지으려 하는데.. 어쩌지?"

"우와!! 친구들~

바람, 햇빛, 비가 예쁘게 씨앗을 지켜줘서

씨앗이 자라서 새싹이 되고

다시 열매를 맺어 커다란 박이 되었어~

우리 함께 박을 열어볼까?!"

씨앗토리 민요

아-하 아-하 농사를 짓자

우리들 땅-에 씨-앗을 심자

오늘은 어떤 씨앗을 심을까

파-릇 파릇한 건강한 농촌

봄-비오니 새싹 돋았네

새싹아 쑥쑥 건강히 자라라

여름 소나기 뜨거운 태양

가-을바람에 탐스런 결실

무-르익었네 가득 거두자

우-리 땅에 풍년이 왔네

아-하 아-하 농사를 짓자

아-하 아-하 농사를 짓자

우리들 땅에 씨앗을 심자

우리들 땅에 씨앗을 심자

아-하 아-하 농사를 짓자

아-하 아-하 농사를 짓자

우리들 땅에 씨앗을 심자

우리들 땅에 씨앗을 심자

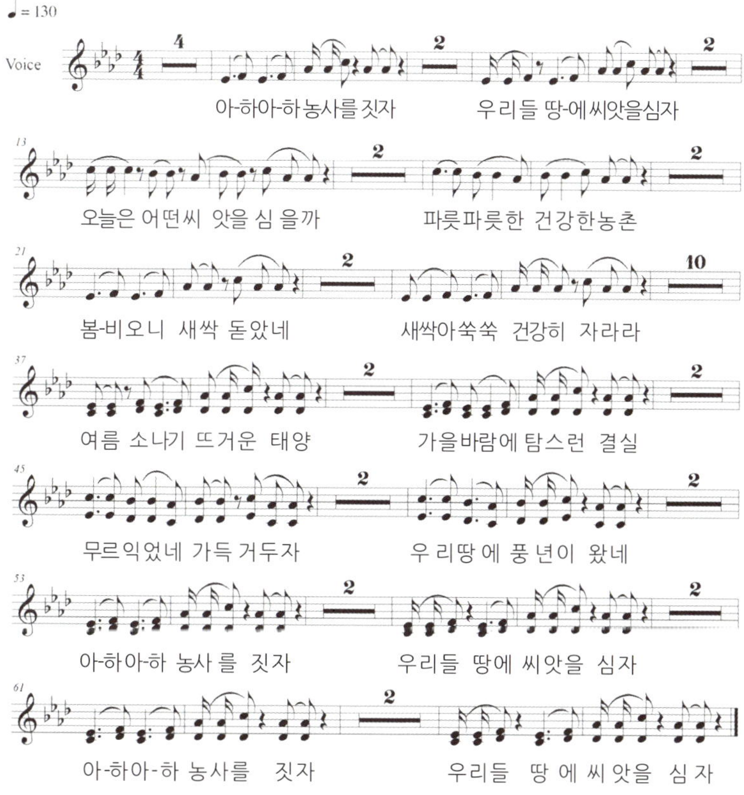

'씨앗토리' 수업의 전체 전개

1차시

제비에게 무슨 일이
춤, 이야기 - 제비에게 무슨 일이
춤, 이미지 - 제비의 움직임 표현
춤, 디자인 - 나만의 제비 만들기
춤, 미디어 - 디지털 매체를 활용하여 제비의 움직임 탐색
춤, 메시지 - 수업내용을 이해하고 공감하기

2차시

제비의 선물
춤, 이야기 - 제비의 선물
춤, 미디어 - 다양한 씨앗들 마커 설정
춤, 민요 - 씨앗토리와 함께 하는 한국 민요춤
춤, 메시지 - 수업내용을 이해하고 공감하기

3차시

힘센 고마운 친구, 소
춤, 이야기 - 힘센 고마운 친구, 소
춤, 디자인 - 소를 소재로 한 놀이를 통해 다양한 공간을 구성
춤, 이미지 - 소꼬리 잡기 놀이
춤, 민요 - 씨앗토리와 함께 하는 한국 민요춤
춤, 메시지 - 수업내용을 이해하고 공감하기

4차시

씨앗아 무럭무럭 자라라
춤, 이야기 - 씨앗아 무럭무럭 자라라
춤, 이미지 - 쓱싹쓱싹 박을 열자
춤, 민요 - 씨앗토리와 함께 하는 한국 민요춤
춤, 메시지 - 수업내용을 이해하고 공감하기

1차시

제비에게 무슨 일이

학습 개요	제비의 움직임을 탐색하여 다양한 움직임을 상상력 있게 표현하는 활동이다. 하늘을 나는 제비, 걷는 제비, 먹이 쪼는 제비, 한 발로 서 있는 제비의 모습을 관찰하여 나만의 움직임을 만들 수 있다.
학습 목표	· 제비의 움직임을 관찰할 수 있다. · 제비의 움직임을 다양하게 상상하여 표현할 수 있다. · 제비의 움직임을 자유롭게 연결하여 춤을 출 수 있다. · 씨앗토리의 이야기를 통해 측은지심을 느낄 수 있다.
수업 교구	· 아이패드(Artivive 애플리케이션) · 셀로판지 · 제비 활동지 · 다양한 새의 몸짓 영상 · 밸런스 블록
춤, 이야기	    '제비에게 무슨일이' 영상

[1차시] 제비에게 무슨 일이

	활동	교수·학습활동	지도상의 유의점	음원
도입	하이인사	한국 민요춤 하이인사를 통해 친구들, 선생님과 인사를 나누며 가볍게 몸풀기 열을 맞춰 학습자들을 정렬한 뒤 하이인사 노래와 춤을 설명	학습자의 출석 및 건강상태 확인	Hi song
	춤, 이야기 춤, 미디어	〈제비에게 무슨 일이〉 하늘을 날다가 다친 제비를 발견한 씨앗토리! 제비가 왜 다치게 되었는지 상황 설명	질서를 지키도록 학습자 통솔 및 동기 유발	
전개	춤, 이미지 춤, 디자인	〈셀로판지를 활용한 제비 활동지 만들기〉 제비 활동지를 아이들이 직접 제비 만들기 〈제비의 움직임 활동〉 제비의 움직임 영상 보고 따라하기 ex) 하늘을 나는 제비, 걷는 제비, 먹이를 쪼는 제비, 밸런스 블록에 서서 한발로 중심 잡는 제비 〈내가 도와줄게〉 하늘을 날던 제비가 떨어져서 다리를 다친 제비를 고쳐주기 → 유아용 상처 밴드 활용 고마움의 인사를 남기고 떠나는 제비	교사의 설명을 듣고 활동에 대한 규칙을 인지하고 활동하기 흥미를 가지고 제비의 움직임을 관찰할 수 있도록 유도 이야기를 통해 학습자가 충분히 상황을 인지하도록 유도	
	교구	· 셀로판지 · 제비 활동지 · 아이패드(Artivive 애플리케이션) · 다양한 새의 몸짓 영상 · 유아용 상처 밴드 · 밸런스 블록		

[1차시] 제비에게 무슨 일이

	활동	교수·학습활동	지도상의 유의점	음원
마무리	춤, 메시지	1차시 수업의 전반적인 내용을 이해하고 공감하기 〈차시예고〉 다리를 고쳐준 고마움을 보답하고자 제비가 씨앗토리에게 선물을 보냈다는 상황 설명	수업 내용에 대한 설명과 가치를 유도하며 학습자간의 의견이 공유될 수 있도록 학습분위기 조성 2차시 수업 내용에 대한 흥미유발	
	바이인사	바이인사를 통해 친구들, 선생님과 수업의 마무리	교사의 설명을 듣고 바이인사를 배우며 수업을 마무리	Bye song

활동모습

〈셀로판지를 활용한 제비 활동지 만들기〉

〈제비의 움직임 활동〉

제비의 선물

학습 개요	씨앗을 심기 위해 평평하게 땅을 고르고, 고랑을 파고, 씨앗을 심는 과정을 통해 식물의 성장을 경험하고 씨앗토리춤을 즐겁게 표현한다.
학습 목표	· 씨앗을 심고 싹이 트는 과정을 이해할 수 있다. · 모판에 씨앗을 심는 과정을 움직임으로 표현할 수 있다. · 논농사의 과정을 표현하는 씨앗토리춤으로 출 수 있다.
수업 교구	· 아이패드(Artivive 애플리케이션) · 복주머니 · 씨앗 모형 · 모판 모형
춤, 이야기	   '제비의 선물' 영상

[2차시] 제비의 선물

	활동	교수·학습활동	지도상의 유의점	음원
도입	하이인사	한국 민요춤 하이인사를 통해 친구들, 선생님과 인사를 나누며 가볍게 몸풀기 열을 맞춰 학습자들을 정렬한 뒤 하이인사 노래와 춤을 설명	학습자의 출석 및 건강상태 확인	Hi song
	춤, 이야기 춤, 미디어	〈제비의 선물〉 다리를 고쳐준 고마움에 보답하고자 제비가 씨앗토리에게 씨앗을 전달하는 상황 설명	교사의 설명을 듣고 현재의 상황에 대해 인지	
	춤, 민요	〈아하 아히 농사를 짓자〉 민요와 장단을 배우고 함께 불러 보기 민요를 학습자에게 직접 불러주며 설명	교사의 설명을 듣고 씨앗토리 민요를 배운 뒤 직접 불러봄	씨앗토리 민요

[2차시] 제비의 선물

	활동	교수·학습활동	지도상의 유의점	음원
도입	춤, 이미지 춤, 디자인 춤, 민요	〈복주머니 속 씨앗〉 Artivive를 활용하여 복주머니에서 나온 다양한 씨앗들을 마커로 인식하면 결과물로 꽃, 식물들이 구현 ex. 해바라기 씨앗 → 해바라기 　　강낭콩 씨앗 → 열매를 맺는 식물로 성장	교사의 설명을 듣고 활동에 대한 규칙을 인지	씨앗토리 민요
		〈모판에 씨앗 심기 + 씨앗토리춤〉 땅 고르기 동작, 고랑 파는 동작, 씨앗 심는 동작, 허리 젖히는 동작을 연결	음악에 맞춰 질서 있게 동작을 학습할 수 있도록 지도	
		학습자들이 모형 모판에 씨앗 심기	모판을 길게 나열하여 사용하기	
		〈소원 심기〉 씨앗 심을 때 행복, 건강, 사랑 등의 소원 키워드 함께 심기	미션 달성 후 질서 있게 기다리도록 지도	
		〈씨앗토리춤〉 ① 땅 고르기 ② 고랑 파기 ③ 씨앗 심기 ④ 허리 젖히기	씨앗토리춤을 여러 번 반복하며 충분히 학습할 수 있도록 지도	
	교구	·아이패드(Artivive 애플리케이션) ·복주머니 ·씨앗 모형 ·모판 모형		

[2차시] 제비의 선물

	활동	교수·학습활동	지도상의 유의점	음원
마무리	춤, 메시지	수업의 전반적인 내용을 이해하고 공감하기 〈차시예고〉 작은 모판에 심은 씨앗들이 넓은 논으로 이동해야 한대요! 씨앗을 심기 전에 넓은 땅을 고르게 했던 동물에 대해 설명	수업 내용에 대한 설명과 가치를 유도 3차시 수업 내용에 대한 흥미유발	
	바이인사	바이인사를 통해 친구들, 선생님과 수업의 마무리	교사의 설명을 듣고 바이인사를 배우며 수업을 마무리	Bye song

활동모습

〈복주머니 속 씨앗 Artivive 활동〉 〈모판에 씨앗 심기 활동〉

힘센 고마운 친구, 소

학습 개요	옛 농경문화에 대해 이해하며 소의 역할과 움직임을 발견하고 표현한다. 또한 놀이를 통해 다양한 공간을 구성하며 춤을 추고, 신체적 활동과 함께 친구에 대한 친밀감과 운동능력을 키운다.
학습 목표	· 농경문화에 대해 이해할 수 있다. · 소를 소재로 한 모방놀이를 통해 다양한 공간을 구성할 수 있다. · 리듬에 따라 황소걸음을 출 수 있다. · 친구들과 협력하여 황소의 움직임을 적극적으로 표현할 수 있다.
수업 교구	· 소 머리띠 · 소꼬리
춤, 이야기	    '힘 센 고마운 친구, 소' 영상

[3차시] 힘센 고마운 친구, 소

	활동	교수·학습활동	지도상의 유의점	음원
도입	하이인사	한국 민요춤 하이인사를 통해 친구들, 선생님과 인사를 나누며 가볍게 몸풀기 열을 맞춰 학습자들을 정렬한 뒤 하이인사 노래와 춤을 설명	학습자의 출석 및 건강상태 확인	Hi song
전개	춤, 이야기 춤, 미디어	〈힘센 고마운 친구, 소〉 소는 옛날에 힘든 농사일을 도와주는 동물로 딱딱하고 울퉁불퉁한 땅을 고르며 무거운 농사 짐들을 옮겨주는 일을 하였다고 설명	상황에 대해 인지하도록 지도하며 흥미 유발	
	춤, 민요	〈아하 아하 농사를 짓자〉 민요와 함께 불러 보기	리듬을 타며 민요를 부르도록 유도	씨앗토리 민요
	춤, 이미지	〈안녕! 나는 소야〉 소머리띠를 하고 직접 소가 되어보기 ① 황소걸음 배워보기 ② 2인 1조로 소가 되어보기 ③ 소가 쟁기, 수레를 끌어보는 활동해 보기 ④ 소꼬리 잡기 놀이	자유롭게 소의 움직임이 표현되도록 수업 분위기 조성 학습자 간의 간격을 유지하며 질서 있게 수업에 참여하도록 지도 음악에 맞춰 리듬 감있게 춤을 출 수 있도록 유도	씨앗토리 민요
	교구	· 소 머리띠 · 소꼬리		

[3차시] 힘센 고마운 친구, 소

	활동	교수·학습활동	지도상의 유의점	음원
마무리	춤, 메시지	수업의 전반적인 내용을 이해하고 공감하기 〈차시예고〉 평평하게 고른 땅에 씨앗의 결실을 확인하러간다는 내용 설명	수업 내용에 대한 설명과 가치를 유도 4차시 수업 내용에 대한 흥미유발	
	바이인사	바이인사를 통해 친구들, 선생님과 수업의 마무리	교사의 설명을 듣고 바이인사를 배우며 수업을 마무리	Bye song

활동모습	
 〈소 움직임 표현하기 활동〉	 〈소꼬리 잡기 놀이 활동〉

씨앗아 무럭무럭 자라라

학습 개요	박을 활용한 신체활동을 통해 수확의 즐거움을 깨닫고, 친구들과 함께 씨앗토리춤을 추며 자유롭게 움직임을 완성하고 표현하는 활동이다.
학습 목표	· 박을 통해 수확의 즐거움을 느낄 수 있다. · 친구들과 협동하여 박의 이미지를 움직임으로 표현할 수 있다. · 씨앗토리춤을 완성하여 춤출 수 있다. · 친구들과 소원을 공유하며 이야기 나눌 수 있다.
수업 교구	· 박 · 밧줄
춤, 이야기	    '씨앗아 무럭무럭 자라라' 영상

[4차시] 씨앗아 무럭무럭 자라라

	활동	교수·학습활동	지도상의 유의점	음원
도입	하이인사	한국 민요춤 하이인사를 통해 친구들, 선생님과 인사를 나누며 가볍게 몸풀기 열을 맞춰 학습자들을 정렬한 뒤 하이인사노래와 춤을 설명	학습자의 출석 및 건강상태 확인	Hi song
전개	춤, 이야기 춤, 미디어	〈씨앗아 무럭무럭 자라라〉 소의 도움을 통해 넓은 논으로 이동하였으며 바람, 햇빛, 비가 예쁘게 사랑으로 지켜줘 씨앗이 새싹이 되고 커다란 박이 되는 과정을 설명	상황을 인지하도록 지도하며 흥미 유발	
	춤, 민요	〈아하 아하 농사를 짓자〉 춤, 민요 부분 도입에 포함되도록 불러보기	리듬을 타며 민요를 부르도록 유도	씨앗토리 민요
	춤, 이미지	2차시에 심었던 씨앗이 박이 되었어요! 〈쓱싹 쓱싹 박을 열자〉 박의 양옆에 길게 줄을 달아서 다 같이 손잡고 돌아보기 다 같이 박을 껴안아 보기 박 속에 뭐가 들었나 귀 기울여보기 박 써는 활동 : 협동 줄다리기를 하면서 박을 썰기 (박 안에 소원 넣어두기)	신체활동 전 규칙을 알려주고 질서 있게 놀이를 할 수 있도록 지도 교사가 직접 시범을 보이며 놀이의 규칙을 이해하도록 유도	

[4차시] 씨앗아 무럭무럭 자라라

	활동	교수·학습활동	지도상의 유의점	음원
전개	춤, 민요	〈씨앗토리춤 추기〉 1-4차시까지 배운 민요춤 연결 ① 땅 고르기 ② 고랑 파기 ③ 씨앗 심기 ④ 허리 젖히기 ⑤ 새싹 표현하기 〈에필로그〉 흥부의 박을 보고 제비의 다리를 부러뜨리고 씨앗을 얻은 놀부의 모습, 박에서 도깨비가 나옴	음악에 맞춰 리듬감있게 춤을 출 수 있도록 유도 권선징악, 뿌린대로 거두는 교훈적인 내용으로 마무리	씨앗토리 민요
	교구	· 박 · 밧줄		
마무리	춤, 메시지	수업 전체를 마무리하며 최종적으로 느낀 점에 대해 이야기를 나누는 시간을 갖기	4차시에 학습한 씨앗토리 수업에 대한 소감을 묻기	Bye song
	바이인사	바이인사를 통해 친구들, 선생님과 수업의 마무리	교사의 설명을 듣고 바이인사를 배우며 수업을 마무리	
활동모습	 〈박을 껴안아보는 활동〉		 〈박 써는 활동〉	

씨앗토리 콘텐츠의 구성

'씨앗토리 콘텐츠'는 용전들노래, 수영농청놀이에서 공통적으로 볼 수 있는 노동 과정의 몸짓을 바탕으로 형상화한 교육 콘텐츠이다. 논농사를 하기 위해 땅을 고르는 몸짓, 가래질하는 몸짓, 모를 찌는 몸짓, 김매기를 하는 몸짓을 추출하여 '논농사춤 모듈'로 구성하였고, 이를 시니어의 신체활동과 정서적 교감을 도울 수 있는 교육적 소재와 접목시켜 **'씨앗토리 콘텐츠'**를 탄생시켰다.

'씨앗토리' 수업의 전체 전개

감정 다스리기
춤, 이야기 - 인문학 이야기
춤, 미디어 - 사단칠정이란 무엇일까요?
춤, 이미지 - 나의 감정을 표정으로 표현해봐요
춤, 메시지 - 수업내용을 이해하고 공감하기

감정 만들기
춤, 이야기 - 인문학 이야기
춤, 미디어 - 날 따라해봐요!
춤, 디자인 - 행복과 사랑이 가득한 바구니로 꾸며주세요!
춤, 이미지 - 감정 씨앗 치기 놀이
춤, 민요 - 함께 하는 한국 민요춤
춤, 메시지 - 수업내용을 이해하고 공감하기

감정 표현하기
춤, 이야기 - 인문학 이야기
춤, 미디어 - 논농사춤 모듈 민요를 따라 불러요!
춤, 이미지 - 논농사춤 모듈을 배워볼까요?
춤, 민요 - 함께 하는 한국 민요춤
춤, 메시지 - 수업내용을 이해하고 공감하기

감정 창조하기
춤, 이야기 - 인문학 이야기
춤, 이미지 - 논농사춤 모듈 민요춤 추기
춤, 미디어 - 디지털 춤·춤·춤
춤, 민요 - 함께 하는 한국 민요춤
춤, 메시지 - 수업내용을 이해하고 공감하기

1차시

감정 다스리기

학습 개요	한국 민요춤 논농사춤 모듈을 활용한 내용으로 감정을 다스리는 활동이다. 사람이 가지고 있는 일곱개의 감정 (희(喜)·노(怒)·애(哀)·구(懼)·애(愛)·오(惡)·욕(欲)) 칠정을 알고 다스리며 긍정적인 마음의 씨앗을 심는다.
학습 목표	· 논농사춤 모듈의 역사와 놀이의 배경을 알 수 있다. · 사단칠정의 감정을 알 수 있다. · 감정을 다스리며 긍정적인 마음의 씨앗을 심을 수 있다. · 감정을 다스리며 힐링을 경험할 수 있다.
수업 교구	· 싱잉볼 · 감정씨앗카드
춤, 이야기	  '논농사춤 모듈의 역사여행' 영상

[1차시] 감정 다스리기

	활동	교수·학습활동	지도상의 유의점	음원
도입	춤, 이야기 춤, 미디어	〈인문학 이야기〉 　인문학과 함께하는 사전영상 이야기 나누고 공감하기 〈몸 깨우기〉 　신체 부위별로 털기, 두드리기, 돌리기, 늘리기를 하며 자신의 몸을 인식하고 깨우기	몸에 집중하여 관절을 이완하며 몸의 기운이 순환되도록 유도	자연의 소리
전개	춤, 이미지 춤, 미디어	사단칠정에 대한 영상시청 〈감정 다스리기〉 　오늘의 기분 속 날씨는 상태는 어떤가요? 　사단칠정을 이해하고 이야기 나누며 생각 공유하기 ★손주와 함께하는 활동 　오늘의 감정은 어떤가요? 라는 주제로 손주와 함께 이야기 나누기 ex) 오늘의 감정은 기분 좋은 햇살이에요! 사단칠정이란 무엇일까요? 사단칠정에 대해 알아보고 손주와 함께 사단칠정에 대해 이야기 나누기 오늘의 감정씨앗은? 오늘의 감정을 선택하여 표정으로 표현하기 오늘의 감정색깔은? 이라는 주제로 감정색깔 고르기 ex) 나의 슬픈 감정은 파랑색이에요. 〈감정 고르기〉 　감정 씨앗카드를 따라하고 자신의 감정을 생각하여 긍정적인 감정으로 순화하기 　오늘의 감정 씨앗카드와 색깔 매칭하기 〈다함께 춤추기〉 　다 같이 원을 이루어 배운 동작을 자유롭게 표현하기 　① 땅고르기	학습자 동기유발 사단칠정에 대해 이해하도록 설명 학습자 간 교감을 하며 활동에 참여하도록 학습 분위기 조성	 논농사춤 모듈 민요
마무리	춤, 메시지	〈호흡 다스리기〉 　누워서 호흡을 다스리며 에너지의 흐름을 느끼고 치유하기	학습자가 천천히 호흡을 다스릴 수 있도록 차분한 분위기 조성	자연의 소리

2차시

감정 만들기

학습 개요	가래질하기 동작을 활용하여 마치 잡초를 뽑듯이 부정적인 감정을 떨쳐내는 활동이다. 땅의 기운을 하체에서 전신으로 확장한 기지개펴기 동작을 통해 몸을 순환한다. 또한 가래질하기 동작과 기지개펴기 동작을 활용한 창의적인 논농사춤 모듈을 춘다.
학습 목표	· 가래질하기, 기지개펴기 동작에 대해 알 수 있다. · 가래질하기 동작을 활용하여 부정적인 감정을 떨쳐낼 수 있다. · 기지개펴기 동작을 통해 몸을 순환할 수 있다. · 가래질하기, 기지개펴기 동작을 활용한 창의적인 논농사춤 모듈을 출 수 있다.
수업 교구	· 바구니 · 감정 씨앗 · 싱잉볼
춤, 이야기	  '가래질하기 기지개펴기 동작' 영상

[2차시] 감정 만들기

	활동	교수·학습활동	지도상의 유의점	음원
도입	춤, 이야기 춤, 미디어	〈인문학 이야기〉 인문학과 함께하는 사전영상 이야기 나누고 공감하기 〈몸 깨우기〉 신체 부위별로 털기, 두드리기, 돌리기, 늘리기를 하며 자신의 몸을 인식하고 깨우기	몸에 집중하여 관절을 이완하며 몸의 기운이 순환되도록 유도	자연의 소리
전개	춤, 이미지 춤, 디자인 춤, 민요	〈감정 씨앗 바구니 만들기〉 나만의 감정 씨앗 바구니 만들기 〈감정 씨앗 돌리기 놀이〉 1. 사람들이 각자 바구니를 등 뒤에 두고 원으로 둘러앉는다. 2. 감정 씨앗을 든 술래가 원하는 사람의 등 뒤에 있는 바구니에 감정 씨앗을 몰래 둔다. 3. 지목된 사람이 술래를 잡는다. 〈감정 씨앗 주고 받기 놀이〉 감정 씨앗 바구니를 머리에 얹고 하늘에서 떨어지는 감정 씨앗을 최대한 많이 받기 〈감정 씨앗 치기 놀이〉 구슬치기와 공기놀이 같이 부정적인 감정을 구슬로 떨쳐내고 긍정적인 감정은 공깃돌로 담아내는 놀이 〈다함께 춤추기〉 다 같이 원을 이루어 배운 동작을 자유롭게 표현하기 ① 땅고르기 ② 가래질하기 ③ 기지개펴기	자신의 감정에 집중하도록 유도하며 자유로운 분위기 조성 움직임 방향은 한 방향으로 진행 감정 씨앗을 받는 사람이 술래가 됨 잡는 사람은 감정 씨앗을 얻음 안전에 유의하도록 지도 학습자 간 교감을 하며 활동에 참여하도록 학습 분위기 조성	논농사춤 모듈 민요
마무리	춤, 메시지	〈호흡 다스리기〉 누워서 호흡을 다스리며 에너지의 흐름을 느끼고 치유하기	학습자가 천천히 호흡을 다스릴 수 있도록 차분한 분위기 조성	자연의 소리

감정 표현하기

학습 개요	김매기, 모찌기 동작에 대해 이해하고 경험하는 활동이다. 또한 민요를 배우고 장단을 익히며 논농사춤을 리듬감있게 출 수 있도록 한다.
학습 목표	· 김매기, 모찌기 동작에 대해 알 수 있다. · 자신의 몸을 인식하며 몸을 깨울 수 있다. · 민요와 함께 장단을 익힐 수 있다. · 김매기, 모찌기 동작을 출 수 있다.
수업 교구	· 싱잉볼
춤, 이야기	  '김매기 모찌기 동작' 영상

[3차시] 감정 표현하기

	활동	교수·학습활동	지도상의 유의점	음원
도입	춤, 이야기 춤, 미디어	〈인문학 이야기〉 인문학과 함께하는 사전영상 이야기 나누고 공감하기 〈몸 깨우기〉 신체 부위별로 털기, 두드리기, 돌리기, 늘리기를 하며 자신의 몸을 인식하고 깨우기	몸에 집중하여 관절을 이완하며 몸의 기운이 순환되도록 유도	자연의 소리
전개	춤, 이미지 춤, 민요	〈장단 배우기〉 구음, 무릎치기, 박수치기 등을 활용하여 자진모리장단을 다양한 방법으로 익히기 〈민요 배우기〉 리듬감 있게 논농사춤 민요 배우기 〈김매기〉 잡초를 뽑듯이 허리를 숙여 양손을 내려올리기 〈모찌기〉 모찌기를 하듯이 두 팔을 가슴 앞으로 뻗으며 한 발을 들었다가 내리기 〈다함께 춤추기〉 다 같이 원을 이루어 배운 동작을 자유롭게 표현하기 ① 땅고르기 ② 가래질하기 ③ 기지개펴기 ④ 김매기 ⑤ 모찌기	입으로 장단을 타며 다양한 방법으로 장단을 익히도록 지도 몸으로 리듬을 타며 민요를 부르도록 유도 방향을 전환하며 움직임을 표현하도록 지도 학습자 간 공간을 충분히 확보 학습자 간 교감을 하며 활동에 참여하도록 학습 분위기 조성	논농사춤 모듈 민요
마무리	춤, 메시지	〈호흡 다스리기〉 누워서 호흡을 다스리며 에너지의 흐름을 느끼고 치유하기	학습자가 천천히 호흡을 다스릴 수 있도록 차분한 분위기 조성	자연의 소리

감정 창조하기

학습 개요	논농사춤 모듈을 다양하게 창조하는 활동이다. 이는 논농사춤 동작을 민요에 맞춰 완성도 있게 구성하고 기록하여, 영상을 공유한다.
학습 목표	· 땅고르기, 가래질하기, 기지개펴기, 김매기, 모찌기 동작을 춤출 수 있다. · 논농사춤 모듈을 다양하게 창조할 수 있다. · 논농사춤 모듈을 디지털 영상으로 기록할 수 있다. · 기록한 영상을 공유하며 이야기 나눌 수 있다.
수업 교구	· 아이패드 · 학습자별 핸드폰
춤, 이야기	 '논농사춤 모듈' 영상

[4차시] 감정 창조하기

	활동	교수·학습활동	지도상의 유의점	음원
도입	춤, 이야기 춤, 미디어	〈인문학 이야기〉 인문학과 함께하는 사전영상 이야기 나누고 공감하기 〈몸 깨우기〉 신체 부위별로 털기, 두드리기, 돌리기, 늘리기를 하며 자신의 몸을 인식하고 깨우기	몸에 집중하여 관절을 이완하며 몸의 기운이 순환되도록 유도	자연의 소리
전개	춤, 민요 춤, 미디어	〈민요춤 추기〉 논농사춤 모듈을 최종적으로 배우고 익히기 ① 땅고르기 ② 가래질하기 ③ 기지개펴기 ④ 김매기 ⑤ 모찌기 〈디지털 춤·춤·춤〉 그룹별 영상 촬영 후, 촬영한 영상을 보면서 이야기 공유하기	민요에 맞춰 리듬감있게 춤을 출 수 있도록 지도 자유롭게 의견을 나누며 창의적으로 영상을 촬영하도록 지도	논농사춤 모듈 민요
마무리	춤, 메시지	〈호흡 다스리기〉 누워서 호흡을 다스리며 에너지의 흐름을 느끼고 치유하기	학습자가 천천히 호흡을 다스릴 수 있도록 차분한 분위기 조성	자연의 소리

워크시트

Ⅱ. 한국 민요춤 교육콘텐츠 265

멸치토리 콘텐츠의 구성

'멸치토리 콘텐츠'는 다대포후리소리의 과장과 멸치의 움직임을 바탕으로 형상화한 교육 콘텐츠이다. 그물을 바다에 던지는 몸짓, 그물을 당기는 몸짓, 멸치가 그물 위로 튀어오르는 듯한 몸짓, 멸치가 바다에서 헤엄치는 몸짓 등을 추출하여 '멸치후리기춤 모듈'로 구성하였고, 이를 유아 발달 단계에 적합한 교육적 소재와 융합하여 **'멸치토리 콘텐츠'**가 탄생하였다.

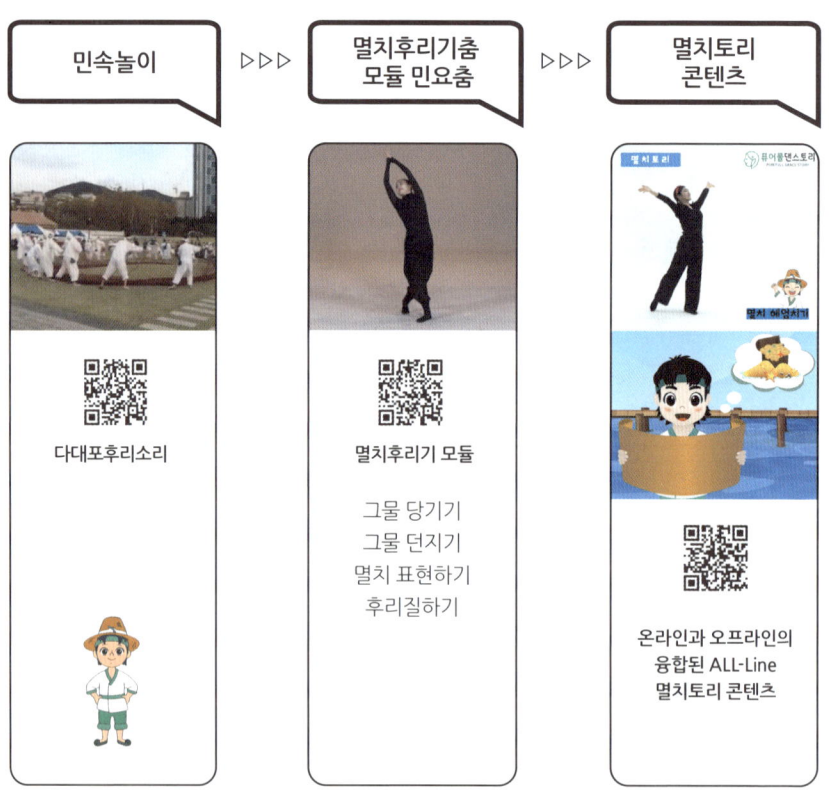

멸치토리 STORY

"친구들 안녕~ 난 멸치토리라고 해. 어? 이게 뭐지??
저 넓은 바다 어딘가에 반짝반짝 신비한 보물섬이 있대!
좋았어! 보물섬으로 가는 길을 알고 있다는
황금멸치를 당장 만나러 가야겠어!"

"어라, 이쪽인가? 저쪽인가? 동서남북? 도대체 어느 쪽이지?
어서 황금멸치를 만나야하는데...
이 넓은 바다에서 어디로 가야 하는지 모르겠어...
나를 도와줘 제발~~"

"친구들~ 여기가 바로 황금멸치가 살고 있는 곳이래~!"
"황금멸치야 안녕? 난 멸치토리라고 해.
보물섬이 어디 있는지 나에게 알려주겠니~?"

"친구들~친구들과 힘을 모은 덕분에 바다의 날쌘돌이 황금멸치를 잡았어!
보물섬은 동쪽에서 시작해서 서쪽으로 두 번, 남쪽으로 2번,
마지막으로 북쪽으로 1번! 이렇게 가면 보물섬을 찾을 수 있대!"
"고마워 황금멸치야!"
"친구들 잘 들었지? 그럼 출발~"

멸치토리 민요

어-영차 멸치야 어-영차 멸치야

푸-른 바다 멸치야 반짝반짝 멸치야

황금열차 멸치야 보러가자 멸치야

어-영차 멸치야 어-영차 멸치야

배를 타고 멸치야 떠나보자 멸치야

힘을 모아 멸치야 노를 젓자 멸치야

어-영차 멸치야 어-영차 멸치야

파도타고 멸치야 바람타고 멸치야

어디있나 멸치야 황금열차 멸치야

어-영차 멸치야 어-영차 멸치야

친-구들아 멸치야 모-두 함께 멸치야

황금열차 멸치야 만나보자 멸치야

어-영차 멸치야(멸치야)

어-영차 멸치야(멸치야)

어-영차 멸치야(멸치야)

어-영차 멸치야(멸치야)

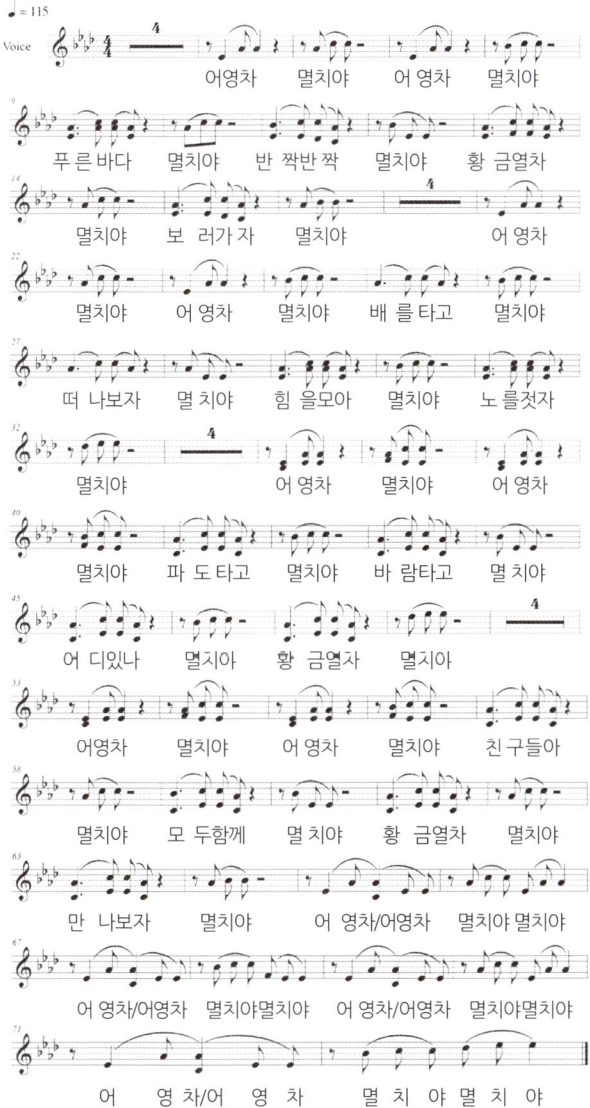

'멸치토리' 수업의 전체 전개

1차시

황금 멸치를 만나러 떠나자
춤, 이야기 - 황금 멸치를 만나러 떠나자
춤, 미디어 - 파도 물살 위에 떠다니는 배 영상
춤, 이미지 - 파도 표현하기
춤, 디자인 - 나만의 배 꾸미기
춤, 민요 - 멸치토리와 함께 하는 한국 민요춤
춤, 메시지 - 수업내용을 이해하고 공감하기

2차시

동서남북 이쪽 저쪽
춤, 이야기 - 동서남북 이쪽 저쪽
춤, 미디어 - 배 안에 사람들이 그물을 들고 있는 모습 구현
춤, 이미지 - 동서남북 이동하며 공간에 따라 다양한 움직임 표현
춤, 디자인 - 알록달록 멸치 꾸미기
춤, 민요 - 멸치토리와 함께 하는 한국 민요춤
춤, 메시지 - 수업내용을 이해하고 공감하기

3차시

황금 멸치를 만나다
춤, 이야기 - 황금 멸치를 만나다
춤, 이미지 - 몸으로 그물을 표현하며 멸치잡이 놀이
춤, 디자인 - 상상하여 꾸민 멸치를 그물에 붙이기
춤, 민요 - 멸치토리와 함께 하는 한국 민요춤
춤, 메시지 - 수업내용을 이해하고 공감하기

4차시

가자 보물섬으로
춤, 이야기 - 가자 보물섬으로
춤, 디자인 - 황금멸치가 알려준 방향대로 길 그리기
춤, 이미지 - 멸치토리 민요춤을 표현하며 보물을 찾으러 떠나기
춤, 민요 - 멸치토리와 함께 하는 한국 민요춤
춤, 메시지 - 수업내용을 이해하고 공감하기

1차시

황금멸치를 만나러 떠나자

학습 개요	황금멸치를 만나기 위해 모험을 떠나는 활동이다. 파도의 이미지를 상상하여 높고 낮은 파도를 즉흥적으로 표현한다. 다양한 공간을 활용하여 움직임을 구성하는 방법을 경험한다.
학습 목표	· 높이의 개념을 이해할 수 있다. · 파도를 상상하여 높고 낮은 높낮이를 움직임으로 표현할 수 있다. · 다양한 공간을 활용하며 파도의 물결을 자유롭게 춤출 수 있다. · 친구들과 함께 민요를 부르며 파도의 움직임을 완성할 수 있다.
수업 교구	· 아이패드(Artivive 애플리케이션) · 파도그림 마커판 · 배 모형 · 배 꾸미기 스티커 · 머리핀
춤, 이야기	    '황금멸치를 만나러 떠나자' 영상

[1차시] 황금멸치를 만나러 떠나자

	활동	교수·학습활동	지도상의 유의점	음원
도입	하이인사	한국 민요춤 하이인사를 통해 친구들, 선생님과 인사를 나누며 가볍게 몸풀기 열을 맞춰 학습자들을 정렬한 뒤 하이인사 노래와 춤을 설명	학습자의 출석 및 건강상태 확인	Hi song
	춤, 이야기 춤, 미디어	〈황금 멸치를 만나러 떠나자〉 멸치토리가 보물섬의 위치를 아는 황금멸치를 찾으러 모험을 떠나는 상황 설명	질서를 지키도록 학습자 통솔 및 동기 유발	
	춤, 민요	〈어영차 멸치야 어영차 멸치야〉 민요와 장단을 배우고 함께 불러 보기 민요를 학습자에게 직접 불러주며 설명	교사의 설명을 듣고 멸치토리 민요를 배운 뒤 직접 불러봄	멸치토리 민요
전개	춤, 이미지 춤, 미디어 춤, 디자인	〈파도 표현하기〉 파도그림 마커(Artivive)에 아이패드를 인식하면 출렁거리는 파도영상 구현 파도의 움직임을 강도와 크기별로 자유롭게 표현 〈나만의 배를 꾸며요〉 자신이 타고 있는 배는 어떤 배일지 상상 해보며 배 꾸미기 〈황금멸치를 찾으러 떠나요〉 머리에 배를 붙이고 앞서 했던 파도의 움직임 표현	파도 영상을 보고 파도의 움직임을 관찰할 수 있도록 유도 학습단서를 제공하며 파도의 강약과 크기를 다양하게 표현하도록 유도 자유롭게 자신만의 배를 완성하도록 지도 교사의 설명을 듣고 활동에 대한 규칙을 인지하고 움직임을 표현하도록 지도	바다 소리

[1차시] 황금멸치를 만나러 떠나자

	활동	교수·학습활동	지도상의 유의점	음원
전개	교구	· 아이패드(Artivive 애플리케이션) · 파도그림 마커판 · 배 모형 · 배 꾸미기 스티커 · 머리핀		
마무리	춤, 메시지	1차시 수업의 전반적인 내용을 이해하고 공감하기 〈차시예고〉 동서남북 방향이 헷갈리는 멸치토리에 대한 설명	수업 내용에 대한 설명과 가치를 유도하며 학습자간의 의견이 공유될 수 있도록 학습분위기 조성 2차시 수업 내용에 대한 흥미유발	
	바이인사	바이인사를 통해 친구들, 선생님과 수업의 마무리	교사의 설명을 듣고 바이인사를 배우며 수업을 마무리	Bye song
활동모습		 〈나만의 배를 꾸며요 활동〉	 〈황금멸치를 찾으러 떠나요 활동〉	

동서남북 이쪽 저쪽

학습 개요	나침판을 통해 동서남북의 방향성을 이해하고 이를 활용하여 공간을 구성한다. 또한 멸치토리 민요를 부르며 방향에 따라 자유롭게 이동하여 멸치토리춤을 즐겁게 표현한다.
학습 목표	· 나침판을 통해 동서남북 방향성을 이해할 수 있다. · 방향에 따라 모두 어울려 멸치토리춤을 출 수 있다. · 민요를 부르며 멸치토리춤을 완성할 수 있다.
수업 교구	· 아이패드(AR TOOLKIT 애플리케이션) · 빈 배 마커판 · 동서남북 마커용 색깔별 이미지 · 동서남북 표지판 · 멸치 활동지 · 색연필
춤, 이야기	  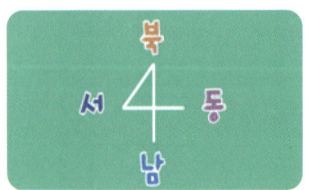  '동서남북? 이쪽 저쪽?' 영상

[2차시] 동서남북 이쪽 저쪽

	활동	교수·학습활동	지도상의 유의점	음원
도입	하이인사	한국 민요춤 하이인사를 통해 친구들, 선생님과 인사를 나누며 가볍게 몸풀기 열을 맞춰 학습자들을 정렬한 뒤 하이인사 노래와 춤을 설명	학습자의 출석 및 건강상태 확인	Hi song
	춤, 이야기 춤, 미디어	〈동서남북 이쪽 저쪽〉 멸치토리가 황금멸치를 찾으러 가기 위해 어느 방향으로 배를 타고 가야 하는지 상황 설명	질서를 지키도록 학습자 통솔 및 동기유발	
	춤, 민요	〈어영차 멸치야 어영차 멸치야〉 민요와 장단을 배우고 함께 불러 보기	리듬을 타며 민요를 부르도록 유도	멸치토리 민요
전개	춤, 미디어 춤, 이미지 춤, 민요	〈동서남북 어디로 갈까요〉 AR TOOLKIT에 동서남북 마커용 색깔별 이미지를 설정하여 방향성 익히기 나침판을 돌려 동서남북 이동하며 방향성을 익히고 멸치토리춤을 공간에 따라 다양하게 표현 〈멸치토리춤〉 ① 멸치 표현하기 ② 멸치 헤엄치기 ③ 멸치 꼬리치기	교사의 설명을 듣고 활동에 대한 규칙을 인지 음악에 맞춰 질서 있게 동작을 학습할 수 있도록 지도 동서남북의 방향성을 신체로 표현할 수 있도록 지도 멸치토리춤을 여러 번 반복하며 충분히 학습할 수 있도록 지도	멸치토리 민요

[2차시] 동서남북 이쪽 저쪽

	활동	교수·학습활동	지도상의 유의점	음원
전개	춤, 디자인	〈알록달록 멸치 꾸미기〉 멸치활동지에 내가 상상하는 멸치 색 칠하기	자유롭게 자신만의 멸치를 색칠하도록 분위기 조성	멸치토리 민요
	교구	· 아이패드(AR TOOLKIT 애플리케이션) · 빈 배 마커판 · 동서남북 마커용 색깔별 이미지 · 동서남북 나침판 · 멸치활동지 · 색연필		
마무리	춤, 메시지	2차시 수업의 전반적인 내용을 이해하고 공감하기 〈차시예고〉 드디어 황금멸치를 만나는데, 너무 빨라 잡기 어려운 황금멸치에 대한 설명	수업 내용에 대한 설명과 가치를 유도하며 학습자간의 의견이 공유될 수 있도록 학습분위기 조성 3차시 수업 내용에 대한 흥미유발	
	바이인사	바이인사를 통해 친구들, 선생님과 수업의 마무리	교사의 설명을 듣고 바이인사를 배우며 수업을 마무리	Bye song
활동모습	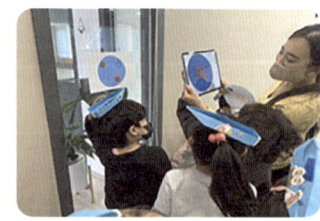 〈동서남북 어디로 갈까요 활동〉		 〈알록달록 멸치 꾸미기 활동〉	

황금멸치를 만나다

학습 개요	그물의 형태를 이해하며 몸으로 그물을 만들어 황금멸치를 잡아보는 활동이다. 어부가 되어 다양한 방법으로 황금멸치를 잡아보고, 친구들과 멸치토리 민요를 부르며 멸치토리춤을 춘다.
학습 목표	· 그물의 형태를 이해할 수 있다. · 몸으로 그물을 만들 수 있다. · 멸치잡이의 움직임을 표현할 수 있다. · 멸치토리 민요를 부르며 멸치토리춤을 출 수 있다.
수업 교구	· 그물 · 학습자가 상상하여 꾸민 멸치활동지(2차시 결과물)
춤, 이야기	   '황금멸치를 만나다' 영상

[3차시] 황금멸치를 만나다

	활동	교수·학습활동	지도상의 유의점	음원
도입	하이인사	한국 민요춤 하이인사를 통해 친구들, 선생님과 인사를 나누며 가볍게 몸풀기 열을 맞춰 학습자들을 정렬한 뒤 하이인사 노래와 춤을 설명	학습자의 출석 및 건강상태 확인	Hi song
	춤, 이야기 춤, 미디어	〈황금 멸치를 만나다〉 드디어! 황금 멸치를 만났는데, 너무 빨라 잡기 어려운 황금멸치! 그물을 만들어서 황금멸치를 잡아야 하는 상황 설명	질서를 지키도록 학습자 통솔 및 동기유발	
	춤, 민요	〈어영차 멸치야 어영차 멸치야〉 민요와 장단을 배우고 함께 불러 보기	리듬을 타며 민요를 부르도록 유도	멸치토리 민요
전개	춤, 이미지 춤, 디자인 춤, 민요	〈몸으로 그물을 만들어요〉 친구들과 함께 그물처럼 팔을 엮어 도망치는 황금멸치를 잡는 움직임 표현 〈어부가 되어 멸치잡이〉 학습자가 상상하여 꾸민 멸치를 그물에 붙이기 실제 그물을 잡고 어부가 되어 멸치잡이 놀이하기 〈멸치토리춤〉 ① 그물 던지기 ② 그물 당기기	안전하게 움직임이 만들어지도록 규칙을 설명 질서 있게 기다리도록 지도 멸치토리춤을 여러 번 반복하며 충분히 학습할 수 있도록 지도	 멸치토리 민요
	교구	· 그물 · 학습자가 상상하여 꾸민 멸치 활동지(2차시 결과물)		

[3차시] 황금멸치를 만나다

	활동	교수·학습활동	지도상의 유의점	음원
마무리	춤, 메시지	3차시 수업의 전반적인 내용을 이해하고 공감하기 〈차시예고〉 보물섬으로 가야 하는 상황에 대한 설명	수업 내용에 대한 설명과 가치를 유도하며 학습자간의 의견이 공유될 수 있도록 학습분위기 조성 4차시 수업 내용에 대한 흥미유발	
	바이인사	바이인사를 통해 친구들, 선생님과 수업의 마무리	교사의 설명을 듣고 바이인사를 배우며 수업을 마무리	Bye song

활동모습

〈몸으로 그물을 만들어요 활동〉 〈어부가 되어 멸치잡이 활동〉

가자 보물섬으로

학습 개요	황금멸치가 알려준 방향으로 길을 그리며 동서남북의 방향을 인지한다. 또한 놀이를 통해 어떤 지도가 완성되는지 그려보고 움직임으로 확대시켜 멸치토리춤을 즐겁게 표현한다.
학습 목표	· 동서남북 방향을 인지할 수 있다. · 친구들과 협동하여 보물섬으로 가는 길을 그릴 수 있다. · 멸치토리 민요를 부르며 멸치토리춤을 완성할 수 있다.
수업 교구	· 보물섬 지도 · 롤 전지 · 색연필
춤, 이야기	    '가자! 보물섬으로' 영상

[4차시] 가자 보물섬으로

	활동	교수·학습활동	지도상의 유의점	음원
도입	하이인사	한국 민요춤 하이인사를 통해 친구들, 선생님과 인사를 나누며 가볍게 몸풀기 열을 맞춰 학습자들을 정렬한 뒤 하이인사 노래와 춤을 설명	학습자의 출석 및 건강상태 확인	Hi song
	춤,이야기 춤, 미디어	〈가자 보물섬으로〉 내가 보물섬으로 가는 길을 알려줄게! 보물섬은 동쪽으로 2번, 서쪽으로 2번, 마지막으로 북쪽으로 1번, 이렇게 가면 보물섬을 찾을 수 있다는 상황 설명	질서를 지키도록 학습자 통솔 및 동기유발	
	춤, 민요	〈어영차 멸치야 어영차 멸치야〉 민요와 장단을 배우고 함께 불러 보기	리듬을 타며 민요를 부르도록 유도	멸치토리 민요

[4차시] 가자 보물섬으로

	활동	교수·학습활동	지도상의 유의점	음원
전개	춤, 이미지 춤, 민요	〈황금멸치가 알려준 길〉 　롤 전지에 황금멸치가 알려준 방향대로 길 그리기(동쪽으로 2번, 서쪽으로 2번, 북쪽으로 1번) 〈보물을 찾으러 떠나자〉 　롤 전지에 그린 길을 따라 보물을 찾으러 떠나기, 멸치토리춤 동작을 활용 〈멸치토리춤 추기〉 　1-4차시까지 배운 민요춤 연결 　① 멸치 표현하기 　② 멸치 헤엄치기 　③ 멸치 꼬리치기 　④ 그물 던지기 　⑤ 그물 당기기	규칙을 알려주고 질서 있게 놀이를 할 수 있도록 지도 롤 전지에 보물섬으로 가는 길을 그려보고 그 길 위에서 멸치토리춤을 추며 보물섬을 찾으러 가도록 분위기 조성 음악에 맞춰 리듬감있게 춤을 출 수 있도록 유도	멸치토리 민요
	교구	· 보물섬 지도 · 롤 전지 · 색연필		

[4차시] 가자 보물섬으로

	활동	교수·학습활동	지도상의 유의점	음원
마무리	춤, 메시지	수업 전체를 마무리하며 최종적으로 느낀 점에 대해 이야기를 나누는 시간을 갖기	4차시에 학습한 멸치토리 수업에 대한 소감을 묻기	
	바이인사	바이인사를 통해 친구들, 선생님과 수업의 마무리	교사의 설명을 듣고 바이인사를 배우며 수업을 마무리	Bye song

활동모습

〈보물섬으로 가는 길 그리기 활동〉

〈보물을 찾으러 떠나자 활동〉

| 시니어 콘텐츠 |

"시간여행을 떠나요"

멸치토리 콘텐츠의 구성

'멸치토리 콘텐츠'는 다대포후리소리의 과장과 멸치의 움직임을 바탕으로 형상화한 교육 콘텐츠이다. 그물을 바다에 던지는 몸짓, 그물을 당기는 몸짓, 멸치가 그물 위로 튀어오르는 듯한 몸짓, 멸치가 바다에서 헤엄치는 몸짓 등을 추출하여 '멸치후리기춤 모듈'로 구성하였고, 이를 시니어의 신체 활동과 정서적 교감을 도울 수 있는 교육적 소재와 접목시켜 **'멸치토리 콘텐츠'**를 탄생시켰다.

'멸치토리' 수업의 전체 전개

시간 다스리기
춤, 이야기 - 인문학 이야기
춤, 미디어 - Artivive를 활용하여 바다 영상시청
춤, 디자인 - 추억을 그려볼까요?
춤, 이미지 - 추억을 이야기하고 표현해볼까요?
춤, 메시지 - 수업내용을 이해하고 공감하기

시간 만들기
춤, 이야기 - 인문학 이야기
춤, 디자인 - 배를 만들어봐요!
춤, 이미지 - 나침판 표현하기/ 신나는 파도넘기 놀이
춤, 민요 - 함께 하는 한국 민요춤
춤, 메시지 - 수업내용을 이해하고 공감하기

시간 표현하기
춤, 이야기 - 인문학 이야기
춤, 미디어 - 멸치후리기춤 모듈 민요를 따라 불러요!
춤, 이미지 - 멸치후리기춤 모듈을 배워볼까요?
춤, 민요 - 함께 하는 한국 민요춤
춤, 메시지 - 수업내용을 이해하고 공감하기

시간 창조하기
춤, 이야기 - 인문학 이야기
춤, 이미지 - 멸치후리기춤 모듈 민요춤 추기
춤, 미디어 - 디지털 춤·춤·춤
춤, 민요 - 함께 하는 한국 민요춤
춤, 메시지 - 수업내용을 이해하고 공감하기

시간 다스리기

학습 개요	한국 민요춤 멸치후리기춤 모듈을 활용한 내용으로 인생의 시간을 다스리는 활동이다. 시간 여행의 배를 타고 과거의 추억을 회상하며 시간의 소중함을 안다.
학습 목표	· 멸치후리기춤 모듈의 역사와 놀이의 배경을 알 수 있다. · 그물당기기 동작을 통해 과거의 추억을 회상하며 시간의 소중함을 알 수 있다. · 호흡을 다스리며 힐링을 경험할 수 있다.
수업 교구	· 싱잉볼
춤, 이야기	  '멸치후리기춤 모듈의 역사여행' 영상

[1차시] 시간 다스리기

	활동	교수·학습활동	지도상의 유의점	음원
도입	춤, 이야기 춤, 미디어	〈인문학 이야기〉 인문학과 함께하는 사전영상 이야기 나누고 공감하기 〈몸 깨우기〉 신체 부위별로 털기, 두드리기, 돌리기, 늘리기를 하며 자신의 몸을 인식하고 깨우기	몸에 집중하여 관절을 이완하며 몸의 기운이 순환되도록 유도	자연의 소리
전개	춤, 이미지 춤, 민요	〈시간 다스리기〉 추억이 담긴 사진을 가지고 이야기 나누며 생각 공유하기 Artivive를 활용하여 힐링을 경험할 수 있는 바다 영상시청 ★손주와 함께하는 활동 추억여행 배를 타고 시간여행을 해요! 라는 주제로 손주와 함께 이야기 나누기 추억을 그려볼까요? 라는 주제로 손주와 함께 추억을 그림으로 그리거나 사진 붙이기 〈시간 당기기〉 바다 영상을 시청한 후 시간 여행에 관련된 이야기를 표현하기 〈다함께 춤추기〉 다 같이 원을 이루어 배운 동작을 자유롭게 표현하기 ① 그물 당기기	학습자가 가지고 온 사진을 보며 서로 추억을 공유하며 동기유발 유도 교사의 시범을 보고 자유롭게 이야기 또는 움직임 표현 지도 학습자 간 교감을 하며 활동에 참여하도록 학습 분위기 조성	멸치후리기춤 모듈 민요
마무리	춤, 메시지	〈호흡 다스리기〉 누워서 호흡을 다스리며 에너지의 흐름을 느끼고 치유하기	학습자가 천천히 호흡을 다스릴 수 있도록 차분한 분위기 조성	자연의 소리

시간 만들기

학습 개요	그물 던지기 동작을 활용하여 미래를 계획하고 희망을 의미하는 황금 멸치를 찾기 위한 활동이다. 어부가 노를 젓고, 큰 그물을 바다에 던지는 동작을 통해 허리와 팔 위주의 상체 유연성을 키운다. 또한 희망찬 미래를 계획하는 창의적인 춤을 춘다.
학습 목표	· 그물던지기 동작에 대해 알 수 있다. · 노를 젓고, 큰 그물을 바다에 던지는 동작을 통해 상체의 유연성을 키울 수 있다. · 희망찬 미래를 계획하는 창의적인 춤을 출 수 있다.
수업 교구	· 큰 그물 · 줄넘기 줄 · 싱잉볼
춤, 이야기	  '그물던지기 동작' 영상

[2차시] 시간 만들기

	활동	교수·학습활동	지도상의 유의점	음원
도입	춤, 이야기 춤, 미디어	〈인문학 이야기〉 인문학과 함께하는 사전영상 이야기 나누고 공감하기 〈몸 깨우기〉 신체 부위별로 털기, 두드리기, 돌리기, 늘리기를 하며 자신의 몸을 인식하고 깨우기	몸에 집중하여 관절을 이완하며 몸의 기운이 순환되도록 유도	자연의 소리
전개	춤, 이미지 춤, 디자인 춤, 민요	〈나침판 표현하기〉 고개, 발, 다리 등 몸으로 동서남북 나침판을 표현하기 〈배 만들기〉 자신만의 창의적인 배 만들기 〈파도넘기 놀이〉 출렁이는 시간의 파도를 이동 움직임으로 넘나들기 〈다함께 춤추기〉 다 같이 원을 이루어 배운 동작을 자유롭게 표현하기 ① 그물 당기기 ② 그물 던지기	여러 방향으로 다양하게 공간을 구성하도록 유도 안전에 유의하도록 지도 학습자 간 교감을 하며 활동에 참여하도록 학습 분위기 조성	멸치후리기춤 모둘 민요
마무리	춤, 메시지	〈호흡 다스리기〉 누워서 호흡을 다스리며 에너지의 흐름을 느끼고 치유하기	학습자가 천천히 호흡을 다스릴 수 있도록 차분한 분위기 조성	자연의 소리

3차시

시간 표현하기

학습 개요	멸치 표현하기, 후리기 동작에 대해 이해하고 경험하는 활동이다. 또한 민요를 배우고 장단을 익히며 멸치후리기춤 모듈을 리듬감있게 춤출 수 있도록 한다.
학습 목표	· 멸치 표현하기, 후리기 동작에 대해 알 수 있다. · 자신의 몸을 인식하며 몸을 깨울 수 있다. · 민요와 함께 장단을 익힐 수 있다. · 멸치후리기춤 모듈을 출 수 있다.
수업 교구	· 싱잉볼
춤, 이야기	  '멸치표현하기 후리질하기 동작' 영상

[3차시] 시간 표현하기

	활동	교수·학습활동	지도상의 유의점	음원
도입	춤, 이야기 춤, 미디어	<인문학 이야기> 인문학과 함께하는 사전영상 이야기 나누고 공감하기 <몸 깨우기> 신체 부위별로 털기, 두드리기, 돌리기, 늘리기를 하며 자신의 몸을 인식하고 깨우기	몸에 집중하여 관절을 이완하며 몸의 기운이 순환되도록 유도	자연의 소리
전개	춤, 이미지 춤, 민요	<장단 배우기> 구음, 무릎치기, 박수치기 등을 활용하여 굿거리장단을 다양한 방법으로 익히기 <민요 배우기> 리듬감있게 멸치후리기춤 민요 배우기 <멸치 표현하기1> 멸치가 그물 위로 튀어 올랐다가 내려오듯이 한 손을 들어 흔든 후 내리기 <멸치 표현하기2> 멸치가 그물 위로 튀어오르듯이 한 손을 들었다가 내리기 <후리질하기> 후리질하며 그물을 가운데로 모으듯이 상체를 허리와 함께 숙이면서 두 팔을 크게 돌리기 <다함께 춤추기> 다 같이 원을 이루어 배운 동작을 자유롭게 표현하기 ① 그물 당기기 ② 그물 던지기 ③ 멸치 표현하기1 ④ 멸치 표현하기2 ⑤ 후리질하기	입으로 장단을 타며 다양한 방법으로 장단을 익히도록 지도 방향을 전환하며 움직임을 표현하도록 지도 학습자 간 공간을 충분히 확보 학습자 간 교감을 하며 활동에 참여하도록 학습 분위기 조성	멸치후리기춤 모듈 민요
마무리	춤, 메시지	<호흡 다스리기> 누워서 호흡을 다스리며 에너지의 흐름을 느끼고 치유하기	학습자가 천천히 호흡을 다스릴 수 있도록 차분한 분위기 조성	자연의 소리

4차시

시간 창조하기

학습 개요	멸치후리기춤 모듈을 다양하게 창조하는 활동이다. 그물 당기기, 그물 던지기, 멸치 표현하기, 후리질하기 동작을 민요에 맞춰 완성도 있게 구성하고 기록하여, 영상을 공유한다.
학습 목표	· 그물 당기기, 그물 던지기, 멸치 표현하기, 후리질하기 동작을 춤출 수 있다. · 멸치후리기춤 모듈을 다양하게 창조할 수 있다. · 멸치후리기춤 모듈을 디지털 영상으로 기록할 수 있다. · 기록한 영상을 공유하며 이야기 나눌 수 있다.
수업 교구	· 아이패드 · 학습자별 핸드폰
춤, 이야기	  '멸치후리기춤 모듈' 영상

[4차시] 시간 창조하기

	활동	교수·학습활동	지도상의 유의점	음원
도입	춤, 이야기 춤, 미디어	〈인문학 이야기〉 인문학과 함께하는 사전영상 이야기 나누고 공감하기 〈몸 깨우기〉 신체 부위별로 털기, 두드리기, 돌리기, 늘리기를 하며 자신의 몸을 인식하고 깨우기	몸에 집중하여 관절을 이완하며 몸의 기운이 순환되도록 유도	자연의 소리
전개	춤, 민요 춤, 미디어	〈민요춤추기〉 모둘을 최종적으로 배우고 익히기 ① 그물 당기기 ② 그물 던지기 ③ 멸치 표현하기1 ④ 멸치 표현하기2 ⑤ 후리질하기 〈디지털 춤·춤·춤〉 그룹별 영상 촬영 후, 촬영한 영상을 보면서 이야기를 하면서 공유하기	민요에 맞춰 리듬감있게 춤을 출 수 있도록 지도 자유롭게 의견을 나누며 창의적으로 영상을 촬영하도록 지도	멸치후리기춤 모둘 민요
마무리	춤, 메시지	〈호흡 다스리기〉 누워서 호흡을 다스리며 에너지의 흐름을 느끼고 치유하기	학습자가 천천히 호흡을 다스릴 수 있도록 차분한 분위기 조성	자연의 소리

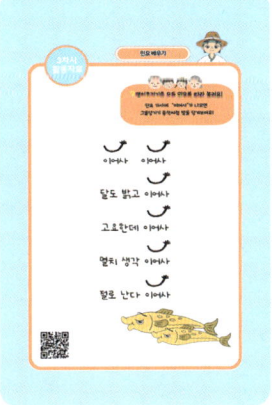

옷토리 콘텐츠의 구성

'옷토리 콘텐츠'는 화순내평리길쌈놀이의 노동과정을 바탕으로 움직임을 구성하였다. 파종과 김매기를 하는 몸짓, 목화솜을 뽑는 명따기의 몸짓, 물레를 돌리고 베를 짜는 몸짓, 천을 다듬이질하는 몸짓을 추출하여 '길쌈춤 모듈'로 구성하였고, 이를 유아 발달 단계에 적합한 교육적 소재와 융합하여 **'옷토리 콘텐츠'**가 탄생하였다.

옷토리 STORY

"친구들 안녕~
나는 예쁜 옷을 뚝딱뚝딱 만들어내는 옷토리야~
어? 콩쥐야~ 왜 울고 있니?
마을에서 열리는 큰 잔치에 가야하는데
옷이 찢어졌다구? 콩쥐야~ 우리가 도와줄게!
우리 같이 실을 찾아 떠나볼까?"

"아휴~ 실이 다 꼬여있어서 고운 옷감을 만드는 게 너무 어려워..
친구들이 좀 도와줘~
나 옷토리와 함께 물레를 돌려 색깔별로 예쁘게 실타래를 정돈하자!"

 "친구들~ 알록달록 예쁜 실들을 함께 정리해줘서 고마워~
이제 베틀로 곱고 아름다운 천을 만들 수 있을 것 같아~~
그리고 콩쥐를 위한 멋진 옷을 완성하는 거야! 가자!"

"친구들~ 친구들이 힘을 모아서 예쁜 옷을 만들어준 덕분에
콩쥐가 마을잔치에 갈 수 있게 되었어~ 정말 고마워
친구들~ 우리도 예쁜 옷, 멋진 옷을 입고 잔치에서 보자~!
잔치로 출발!!!"

옷토리 민요

둥당게-당 둥당게-당
둥당게-당 둥당게-당 둥

둥당게당 씨앗을 심어 싹이 나면
목화 꽃이 피어나네 둥

둥당게-당 둥당게-당 둥당게-당 둥

둥당게당 목화 꽃의 실을 뽑아
내서 물레 물레 돌려보자

둥당게-당 둥당게-당
둥당게-당 둥

둥당게-당 둥당게-당 둥당게-당
둥당게-당 둥당게-당

어머나 물레 돌려보니
예쁜 꽃이 탄생했네
둥당게-당 둥당게-당

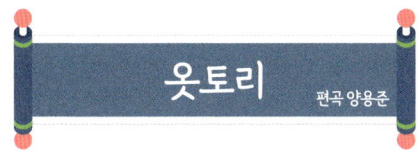

옷토리

편곡 양용준

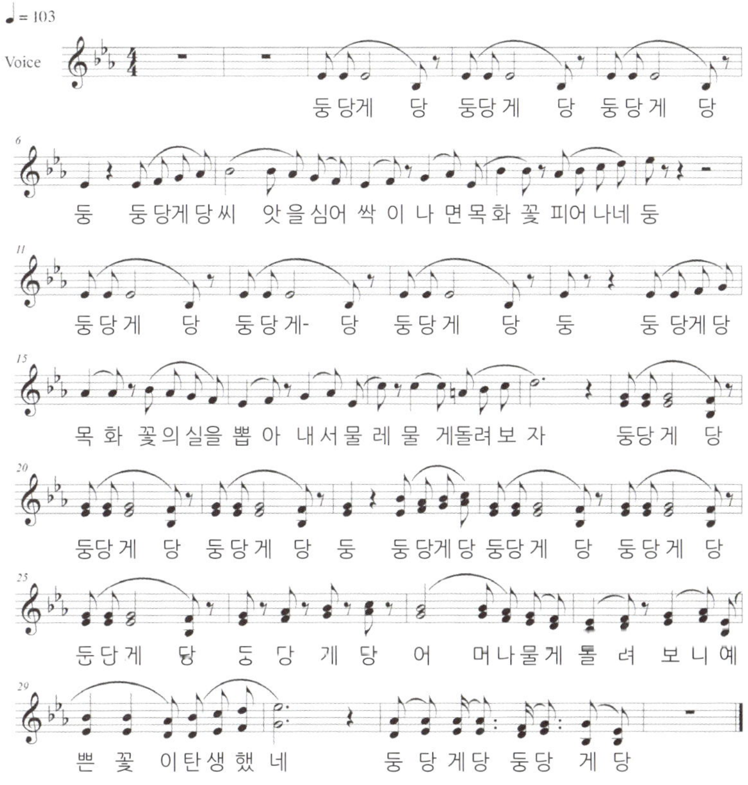

♩= 103
Voice
둥 당게 당 둥당 게 당 둥 당 게 당
둥 둥 당게 당 씨 앗 을 심어 싹 이 나 면 목화 꽃 피어 나네 둥
둥 당 게 당 둥 당 게- 당 둥 당 게 당 둥 둥 당게 당
목 화 꽃 의 실을 뽑 아 내 서 물 레 물 게돌려 보 자 둥당 게 당
둥당 게 당 둥 당 게 당 둥 둥 당게 당 둥당 게 당 둥 당 게 당
둥 당 게 당 둥 당 게 당 어 머 나 물 게 돌 려 보 니 예
쁜 꽃 이 탄 생 했 네 둥 당 게 당 둥 당 게 당

'옷토리' 수업의 전체 전개

1차시

옷이 찢어졌어요
춤, 이야기 - 옷이 찢어졌어요
춤, 미디어 - 목화솜 교육 영상
춤, 이미지 - 열매 속에서 솜이 나오는 과정을 몸으로 표현
춤, 민요 - 옷토리와 함께 하는 한국 민요춤
춤, 메시지 - 수업내용을 이해하고 공감하기

2차시

뒤죽박죽 실과 물레
춤, 이야기 - 뒤죽박죽 실과 물레
춤, 미디어 - 목화꽃 이미지로 실 색깔 정하기
춤, 이미지 - 실타래 놀이와 실뜨기 놀이
춤, 민요 - 옷토리와 함께 하는 한국 민요춤
춤, 메시지 - 수업내용을 이해하고 공감하기

3차시

얼키설키 베틀과 알록달록 옷감
춤, 이야기 - 얼키설키 베틀과 알록달록 옷감
춤, 이미지 - 길쌈놀이
춤, 민요 - 옷토리와 함께 하는 한국 민요춤
춤, 메시지 - 수업내용을 이해하고 공감하기

4차시

나만의 멋진 옷
춤, 이야기 - 나만의 멋진 옷
춤, 디자인 - 나만의 멋진 옷을 만들기
춤, 민요 - 옷토리와 함께 하는 한국 민요춤
춤, 메시지 - 수업내용을 이해하고 공감하기

옷이 찢어졌어요

학습 개요	목화 열매 속에서 목화솜이 나오는 과정을 이해하고 몸으로 표현하는 활동이다. 목화 꽃이 피고 진 후 열매를 맺어 열매 속에서 목화솜을 빼는 동작을 다양한 공간으로 구성하여 방향을 전환하며 춤을 춘다.
학습 목표	· 목화 열매 속에서 목화솜이 나오는 과정을 이해할 수 있다. · 목화솜이 나오는 과정을 몸으로 표현할 수 있다. · 다양한 공간으로 방향을 전환하며 춤출 수 있다.
수업 교구	· 아이패드
춤, 이야기	   '옷이 찢어졌어요' 영상

[1차시] 옷이 찢어졌어요

	활동	교수·학습활동	지도상의 유의점	음원
도입	하이인사	한국 민요춤 하이인사를 통해 친구들, 선생님과 인사를 나누며 가볍게 몸풀기 열을 맞춰 학습자들을 정렬한 뒤 하이인사 노래와 춤을 설명	학습자의 출석 및 건강상태 확인	Hi song
전개	춤, 이야기 춤, 미디어	〈옷이 찢어졌어요〉 옷이 찢어진 콩쥐, 마을잔치에 가야 하는데 옷을 만들려면 실이 필요해 다 같이 실을 구하러 떠나보자는 상황 설명	질서를 지키도록 학습자 통솔 및 동기유발	
	춤, 미디어 춤, 이미지 춤, 민요	목화솜 교육 영상시청	목화솜 영상을 보며 목화솜에 대해 탐색할 수 있도록 유도	
		〈목화솜 표현하기〉 목화꽃이 피고 목화꽃이 지며 열매가 되어 갈라진 열매 속에서 솜이 나오는 과정을 몸으로 표현	학습단서를 제공하며 목화솜이 나오는 과정을 몸으로 표현하도록 유도	
		〈옷토리춤〉 ① 목화꽃 표현하기 ② 목화솜 빼기	방향을 전환하며 다양한 공간을 구성하여 움직임이 유발되도록 지도	옷토리 민요
	교구	· 아이패드		

[1차시] 옷이 찢어졌어요

	활동	교수·학습활동	지도상의 유의점	음원
마무리	춤, 메시지	1차시 수업의 전반적인 내용을 이해하고 공감하기	수업 내용에 대한 설명과 가치를 유도하며 학습자간의 의견이 공유될 수 있도록 학습분위기 조성	
		〈차시예고〉 실들이 많이 꼬여있어서 물레를 돌려 색깔별로 실타래를 예쁘게 정돈해야 한다는 설명	2차시 수업 내용에 대한 흥미유발	
	바이인사	바이인사를 통해 친구들, 선생님과 수업의 마무리	교사의 설명을 듣고 바이인사를 배우며 수업을 마리	Bye song

활동모습

〈목화솜 표현하기 활동〉

뒤죽박죽 실과 물레

학습 개요	실을 정리하여 실타래를 만드는 활동이다. 친구들과 협동하여 꼬여있는 실을 풀고 물레를 돌려 실타래를 만들며 이를 움직임으로 표현한다. 개인의 움직임 탐색부터 시작하여 짝 또는 반 전체가 하나 되어 춤추는 즐거움을 경험한다.
학습 목표	· 친구들과 협동하여 꼬여있는 실들을 풀 수 있다. · 물레를 돌려 실타래를 만들며 이를 움직임으로 표현할 수 있다. · 춤추는 즐거움을 경험할 수 있다. · 민요를 부르며 옷토리춤을 출수 있다.
수업 교구	· 아이패드(AR TOOLKIT 애플리케이션) · 목화 그림 마커판 · 실타래 · 자이언트 실
춤, 이야기	    '뒤죽박죽 실과 물레' 영상

[2차시] 뒤죽박죽 실과 물레

	활동	교수·학습활동	지도상의 유의점	음원
도입	하이인사	한국 민요춤 하이인사를 통해 친구들, 선생님과 인사를 나누며 가볍게 몸풀기 열을 맞춰 학습자들을 정렬한 뒤 하이인사 노래와 춤을 설명	학습자의 출석 및 건강상태 확인	Hi song
	춤, 이야기 춤, 미디어	〈뒤죽박죽 실과 물레〉 실들이 많이 꼬여있어서 물레를 돌려 색깔별로 실타래를 예쁘게 정돈해야 한다는 상황 설명	질서를 지키도록 학습자 통솔 및 동기유발	
	춤, 민요	〈둥당게당 둥당게당 둥〉 민요와 장단을 배우고 함께 불러보기 민요를 학습자에게 직접 불러주며 설명	교사의 설명을 듣고 옷토리 민요를 배운 뒤 불러봄	옷토리 민요

[2차시] 뒤죽박죽 실과 물레

	활동	교수·학습활동	지도상의 유의점	음원
전개	춤, 미디어 춤, 이미지 춤, 민요	〈목화꽃 속 색깔 정하기〉 목화그림 마커판에 AR TOOLKIT을 사용하여 팀별 실 색깔 정하기	교사의 설명을 듣고 한 명씩 규칙을 지켜 안전하게 활동에 참여하도록 유도	
		〈풀자 풀자 실을 풀자〉 꼬여있는 실들을 친구들과 협동하여 풀기	친구들과 부딪히지 않도록 질서 있게 활동에 참여하도록 지도	
		〈실타래를 정리해요〉 실을 잡고 혼자 정리하는 동작, 함께 실의 끝을 잡고 정리하는 동작	차례를 지키며 실을 풀도록 학습 분위기 조성	
		〈실뜨기 놀이를 몸으로 표현하기〉 팀별 번갈아 가며 몸으로 실을 걸어 얼키설키 엮어가며 실 모양이 바뀌는 과정을 표현	옷토리춤을 리듬감 있게 표현하도록 지도	
		〈옷토리춤〉 ① 실타래 만들기		옷토리 민요
	교구	·아이패드(AR TOOLKIT 애플리케이션) ·실타래 ·자이언트 실		

[2차시] 뒤죽박죽 실과 물레

	활동	교수·학습활동	지도상의 유의점	음원
마무리	춤, 메시지	2차시 수업의 전반적인 내용을 이해하고 공감하기 〈차시예고〉 정리한 실을 가지고 베틀을 활용하여 천을 만든다는 설명	수업내용에 대한 설명과 가치를 유도하며 학습자 간의 의견이 공유될 수 있도록 학습 분위기 조성 3차시 수업 내용에 대한 흥미유발	
	바이인사	바이인사를 통해 친구들, 선생님과 수업의 마무리	교사의 설명을 듣고 바이인사를 배우며 수업을 마무리	Bye song
활동모습	 〈풀자 풀자 실을 풀자 활동〉		 〈실뜨기 놀이를 몸으로 표현하기 활동〉	

3차시

얼키설키 베틀과 알록달록 옷감

학습 개요	2인 1조로 천의 끝을 잡고 다른 팀과 교차하여 이동하는 길쌈놀이를 경험한다. 또한 옷토리 민요를 부르며 옷토리춤을 춘다.
학습 목표	· 천을 만드는 베 짜는 과정을 알 수 있다. · 베 짜는 과정을 몸으로 표현할 수 있다. · 친구와 함께 길쌈놀이를 경험할 수 있다. · 옷토리 민요를 부르며 옷토리춤을 출 수 있다.
수업 교구	· 다양한 색깔의 천 · 구멍 뚫린 넓은 천 · 자이언트 실
춤, 이야기	  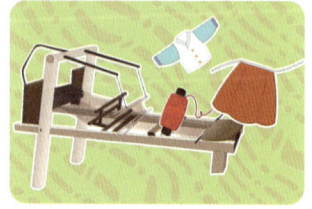 '얼키설키 베틀과 알록달록 옷감' 영상

[3차시] 얼키설키 베틀과 알록달록 옷감

	활동	교수·학습활동	지도상의 유의점	음원
도입	하이인사	한국 민요춤 하이인사를 통해 친구들, 선생님과 인사를 나누며 가볍게 몸풀기 열을 맞춰 학습자들을 정렬한 뒤 하이인사노래와 춤을 설명	학습자의 출석 및 건강상태 확인	Hi song
	춤, 이야기 춤, 미디어	〈얼키설키 베틀과 알록달록 옷감〉 알록달록 예쁘게 정리한 실로 베틀을 활용하여 천을 만들어야 한다는 상황 설명	질서를 지키도록 학습자 통솔 및 동기유발	
	춤, 민요	〈둥당게당 둥당게당 둥〉 민요와 강단을 배우고 함께 불러보기	리듬을 타며 민요를 부르도록 유도	옷토리 민요
전개	춤, 이미지	〈길쌈놀이〉 2인 1조로 천의 끝을 잡고 다른 천 팀과 교차하며 이동해보기 〈얼키설키 옷감 짜기〉 구멍 뚫린 넓은 천에 자이언트 실을 엮어 옷감짜기	안전하게 놀이를 하도록 규칙을 설명 천을 만들려면 목화실이 교차해야 한다는 설명	

[3차시] 얼키설키 베틀과 알록달록 옷감

	활동	교수·학습활동	지도상의 유의점	음원
전개	춤, 민요	〈옷토리춤〉 ① 천 만들기 ② 다듬이질하기	옷토리춤을 여러번 반복하며 충분히 학습할 수 있도록 지도	
	교구	· 다양한 색깔의 천 · 구멍 뚫린 넓은 천 · 자이언트 실		
마무리	춤, 메시지	3차시 수업의 전반적인 내용을 이해하고 공감하기 〈차시예고〉 예쁘게 실들을 교차해서 만든 천으로 옷토리의 옷을 만들어야 한다는 상황 설명	수업내용에 대한 설명과 가치를 유도하며 학습자 간의 의견이 공유될 수 있도록 학습 분위기 조성 4차시 수업내용에 대한 흥미유발	
	바이인사	바이인사를 통해 친구들, 선생님과 수업의 마무리	교사의 설명을 듣고 바이인사를 배우며 수업을 마무리	Bye song

활동모습

〈길쌈놀이 활동1〉

〈길쌈놀이 활동2〉

4차시

나만의 멋진 옷

학습 개요	천으로 나만의 옷을 만들어 입고 친구들과 음악에 맞춰 리듬감있게 옷토리춤을 추는 활동이다.
학습 목표	· 나만의 멋진 옷을 만들 수 있다. · 박자에 맞춰 리듬감있게 옷토리춤을 표현할 수 있다. · 옷토리 민요를 부르며 옷토리춤을 완성할 수 있다.
수업 교구	· 흰 티셔츠
춤, 이야기	   '나만의 멋진 옷' 영상

[4차시] 나만의 멋진 옷

	활동	교수·학습활동	지도상의 유의점	음원
도입	하이인사	한국 민요춤 하이인사를 통해 친구들, 선생님과 인사를 나누며 가볍게 몸풀기 열을 맞춰 학습자들을 정렬한 뒤 하이인사노래와 춤을 설명	학습자의 출석 및 건강상태 확인	Hi song
	춤, 이야기 춤, 미디어	〈나만의 멋진 옷〉 예쁘게 실들을 교차해서 만든 천으로 나만의 옷을 만들어야 하는 상황 설명	질서를 지키도록 학습자 통솔 및 동기유발	
	춤, 민요	〈둥당게당 둥당게당 둥〉 민요와 장단을 배우고 함께 불러보기	리듬을 타며 민요를 부르도록 유도	옷토리 민요
전개	춤, 디자인 춤, 민요	〈나만의 멋진 옷을 만들기〉 흰 티셔츠를 활용하여 나만의 멋진 옷을 완성하기 〈옷토리춤 추기〉 1-4차시까지 배운 민요춤 연결 ① 목화꽃 표현하기 ② 목화솜 빼기 ③ 실타래 만들기 ④ 천 만들기 ⑤ 다듬이질하기	자유롭게 상상하여 창의적으로 활동을 하도록 유도 음악에 맞춰 리듬감있게 춤을 출 수 있도록 지도	옷토리 민요
	교구	· 흰 티셔츠		

[4차시] 나만의 멋진 옷

	활동	교수·학습활동	지도상의 유의점	음원
마무리	춤, 메시지	수업 전체를 마무리하며 최종적으로 느낀 점에 대해 이야기를 나누는 시간을 갖기	4차시에 학습한 옷 토리 수업에 대한 소감을 묻기	
	바이인사	바이인사를 통해 친구들, 선생님과 수업의 마무리	교사의 설명을 듣고 바이인사를 배우며 수업을 마무리	Bye song

활동모습

〈나만의 멋진 옷을 만들기 활동1〉

〈나만의 멋진 옷을 만들기 활동2〉

| 시니어 콘텐츠 |

"인연의 붉은 실을 따라"

옷토리 콘텐츠의 구성

'옷토리 콘텐츠'는 화순내평리길쌈놀이의 노동과정을 바탕으로 움직임을 구성하였다. 파종과 김매기를 하는 몸짓, 목화솜을 뽑는 명따기의 몸짓, 물레를 돌리고 베를 짜는 몸짓, 천을 다듬이질하는 몸짓을 추출하여 '길쌈춤 모듈'로 구성하였고, 이를 시니어의 신체활동과 정서적 교감을 도울 수 있는 교육적 소재와 접목시켜 **'옷토리 콘텐츠'**를 탄생시켰다.

'옷토리' 수업의 전체 전개

1차시

인연 다스리기
춤, 이야기 - 인문학 이야기
춤, 미디어 - 우리에게 소중한 인연!
춤, 디자인 - 실 전화기 만들기
춤, 이미지 - 씨줄 날줄 인연 표현하기
춤, 메시지 - 수업내용을 이해하고 공감하기

2차시

인연 만들기
춤, 이야기 - 인문학 이야기
춤, 디자인 - 나만의 발찌를 만들어 봐요!
춤, 이미지 - 2인 삼각 놀이/ 길쌈놀이
춤, 미디어 - 날 따라해봐요!
춤, 민요 - 함께 하는 한국 민요춤
춤, 메시지 - 수업내용을 이해하고 공감하기

3차시

인연 표현하기
춤, 이야기 - 인문학 이야기
춤, 미디어 - 길쌈춤 모듈 민요를 따라 불러요!
춤, 이미지 - 길쌈춤 모듈을 배워볼까요?
춤, 민요 - 함께 하는 한국 민요춤
춤, 메시지 - 수업내용을 이해하고 공감하기

4차시

인연 창조하기
춤, 이야기 - 인문학 이야기
춤, 이미지 - 길쌈춤 모듈 민요춤 추기
춤, 미디어 - 디지털 춤·춤·춤
춤, 민요 - 함께 하는 한국 민요춤
춤, 메시지 - 수업내용을 이해하고 공감하기

1차시

인연 다스리기

학습 개요	한국 민요춤 길쌈춤 모듈을 활용한 내용으로 인연을 통해 조화로운 삶을 다스리는 활동이다. 베를 짜는 길쌈과 같이 씨줄 날줄을 교차하여 사람과 사람의 조화로운 인연을 맺게 한다. 이는 씨줄 날줄의 교차를 형상화한 동작을 통해 몸과 마음을 조화로운 인연으로 변화시킨다.
학습 목표	· 길쌈춤 모듈의 역사와 놀이의 배경을 알 수 있다. · 목화에서 솜을 뽑아 물레에 돌려 실을 뽑는 과정을 알 수 있다. · 베틀에서 베를 짜듯이 씨줄 날줄이 교차하는 인연의 움직임을 표현할 수 있다. · 조화로운 호흡을 통해 좋은 인연의 변화를 경험할 수 있다.
수업 교구	· 싱잉볼 · 붉은 털실
춤, 이야기	  '길쌈춤 모듈의 역사여행' 영상

[1차시] 인연 다스리기

	활동	교수·학습활동	지도상의 유의점	음원
도입	춤, 이야기 춤, 미디어	〈인문학 이야기〉 인문학과 함께하는 사전영상 이야기 나누고 공감하기 〈몸 깨우기〉 신체 부위별로 털기, 두드리기, 돌리기, 늘리기를 하며 자신의 몸을 인식하고 깨우기	몸에 집중하여 관절을 이완하며 몸의 기운이 순환되도록 유도	자연의 소리
전개	춤, 이미지 춤, 미디어	〈인연 다스리기〉 인생에 있어서 소중했던 인연에 대해 이야기 나누며 생각 공유하기 QR을 활용하여 목화솜에서 면이 되는 천이 만들어지는 길쌈 영상시청 ★손주와 함께하는 활동 우리에게 소중한 인연! 이라는 주제로 손주와 함께 이야기 나누기 ex. 가장 소중한 사람은 누구인가요? 운명의 붉은 실! 이라는 주제로 손주와 함께 길쌈이 어떻게 이루어지는지 알아보기 〈씨줄 날줄 인여 표현〉 옷감을 짜듯 씨줄 날줄이 서로 교차하며 인연의 만남을 움직임으로 표현하기 실뜨기를 해보고 실없이 표현해보기 〈다함께 춤추기〉 다 같이 원을 이루어 배운 동작을 자유롭게 표현하기 ① 물레돌리기	소중했던 인연에 대해 이야기하도록 유도 학습자의 동기유발 질서 있게 움직임이 표현되도록 지도 학습자 간 교감을 하며 활동에 참여하도록 학습 분위기 조성	길쌈춤 모듈 민요
마무리	춤, 메시지	〈호흡 다스리기〉 누워서 호흡을 다스리며 에너지의 흐름을 느끼고 치유하기	학습자가 천천히 호흡을 다스릴 수 있도록 차분한 분위기 조성	자연의 소리

인연 만들기

학습 개요	베짜기 동작을 활용하여 상·하체의 협응력을 키우는 활동이다. 맺고 푸는 호흡과 함께 상·하체의 유기적 동작을 함으로써 순발력과 인지능력을 강화시킨다. 또한 천을 활용한 창의적인 길쌈춤 모듈을 춘다.
학습 목표	· 베짜기 동작에 대해 알 수 있다. · 베짜기 동작을 활용하여 상·하체의 협응력을 키울 수 있다. · 상·하체의 유기적 동작을 함으로써 순발력과 인지능력을 강화시킬 수 있다. · 천을 활용한 창의적인 길쌈춤 모듈을 출 수 있다.
수업 교구	· 학습자별 천 · 색실 · 싱잉볼
춤, 이야기	  '베짜기 동작' 영상

[2차시] 인연 만들기

	활동	교수·학습활동	지도상의 유의점	음원
도입	춤, 이야기 춤, 미디어	〈인문학 이야기〉 인문학과 함께하는 사전영상 이야기 나누고 공감하기 〈몸 깨우기〉 신체 부위별로 털기, 두드리기, 돌리기, 늘리기를 하며 자신의 몸을 인식하고 깨우기	몸에 집중하여 관절을 이완하며 몸의 기운이 순환되도록 유도	자연의 소리
전개	춤, 이미지 춤, 디자인 춤, 민요	〈인연 만들기〉 짝을 이루어 베짜기 동작을 하며 상하체의 협응력 키우기 〈발찌 만들기〉 색실을 엮어서 나만의 발찌 만들기 〈2인 삼각놀이〉 발찌를 활용하여 2인 1조가 되어 2인 삼각놀이하기 〈길쌈놀이〉 천의 끝을 잡고 다른 천 팀과 교차하며 이동해보기 〈다함께 춤추기〉 다 같이 원을 이루어 배운 동작을 자유롭게 표현하기 ① 베짜기	여러 방향으로 다양하게 공간을 구성하도록 스텝을 유도 다양한 색실을 활용 안전에 유의하도록 지도 학습자 간 교감을 하며 활동에 참여하도록 학습 분위기 조성	길쌈춤 모듈 민요
마무리	춤, 메시지	〈호흡 다스리기〉 누워서 호흡을 다스리며 에너지의 흐름을 느끼고 치유하기	학습자가 천천히 호흡을 다스릴 수 있도록 차분한 분위기 조성	자연의 소리

인연 표현하기

학습 개요	다듬이질하기 동작에 대해 이해하고 경험하는 활동이다. 또한 민요를 배우고 장단을 익히며 길쌈춤을 리듬감있게 춤출 수 있도록 한다.
학습 목표	· 다듬이질하기 동작에 대해 알 수 있다. · 자신의 몸을 인식하며 몸을 깨울 수 있다. · 민요와 함께 장단을 익힐 수 있다. · 다듬이질하기 춤을 출 수 있다.
수업 교구	· 싱잉볼
춤, 이야기	  '다듬이질하기 동작' 영상

[3차시] 인연 표현하기

	활동	교수·학습활동	지도상의 유의점	음원
도입	춤, 이야기 춤, 미디어	〈인문학 이야기〉 인문학과 함께하는 사전영상 이야기 나누고 공감하기 〈몸 깨우기〉 신체 부위별로 털기, 두드리기, 돌리기, 늘리기를 하며 자신의 몸을 인식하고 깨우기	몸에 집중하여 관절을 이완하며 몸의 기운이 순환되도록 유도	자연의 소리
전개	춤, 이미지 춤, 민요	〈장단 배우기〉 구음, 무릎치기, 박수치기 등을 활용하여 굿거리장단을 다양한 방법으로 익히기 〈민요 배우기〉 리듬감있게 길쌈춤 모듈 민요 배우기 〈다듬이질하기〉 천을 다듬이질하듯이 앙 무릎을 치며 뛰기 〈다함께 춤추기〉 다 같이 원을 이루어 배운 동작을 자유롭게 표현하기 ① 물레돌리기 ② 베짜기 ③ 다듬이질하기	입으로 장단을 타며 다양한 방법으로 장단을 익히도록 지도 몸으로 리듬을 타며 민요를 부르도록 유도 방향을 전환하며 움직임을 표현하도록 지도 학습자 간 공간을 충분히 확보 학습자 간 교감을 하며 활동에 참여하도록 학습 분위기 조성	길쌈춤 모듈 민요
마무리	춤, 메시지	〈호흡 다스리기〉 누워서 호흡을 다스리며 에너지의 흐름을 느끼고 치유하기	학습자가 천천히 호흡을 다스릴 수 있도록 차분한 분위기 조성	자연의 소리

인연 창조하기

학습 개요	길쌈춤을 다양하게 창조하는 활동이다. 물레 돌리기, 베짜기, 다듬이질하기 동작을 민요에 맞춰 완성도 있게 구성하고 디지털 영상으로 기록하여, 영상을 공유한다.
학습 목표	· 물레 돌리기, 베짜기, 다듬이질하기 동작을 춤출 수 있다. · 길쌈춤을 다양하게 창조할 수 있다. · 길쌈춤을 디지털 영상으로 기록할 수 있다. · 기록한 영상을 공유하며 이야기 나눌 수 있다.
수업 교구	· 아이패드 · 학습자별 핸드폰
춤, 이야기	　　　'길쌈춤 모듈' 영상

[4차시] 인연 창조하기

	활동	교수·학습활동	지도상의 유의점	음원
도입	춤, 이야기	<몸 깨우기> 신체 부위별로 털기, 두드리기, 돌리기, 늘리기를 하며 자신의 몸을 인식하고 깨우기	몸에 집중하여 관절을 이완하며 몸의 기운이 순환되도록 유도	자연의 소리
전개	춤, 민요 춤, 미디어	<민요춤 추기> 길쌈춤 모듈을 최종적으로 배우고 익히기 ① 파종하기 ② 김매기 ③ 명따기 ④ 물레돌리기 ⑤ 베짜기 ⑥ 다듬이길히기	민요에 맞춰 리듬감 있게 춤을 출 수 있도록 지도	길쌈춤 모듈 민요
		<디지털 춤·춤·춤> 그룹별 영상 촬영 후, 촬영한 영상을 보면서 이야기 공유하기	자유롭게 의견을 나누며 창의적으로 영상을 촬영하도록 지도	
마무리	춤, 메시지	<호흡 다스리기> 누워서 호흡을 다스리며 에너지의 흐름을 느끼고 치유하기	학습자가 천천히 호흡을 다스릴 수 있도록 차분한 분위기 조성	자연의 소리

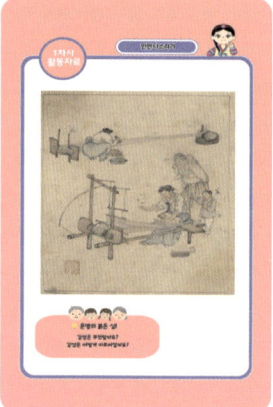

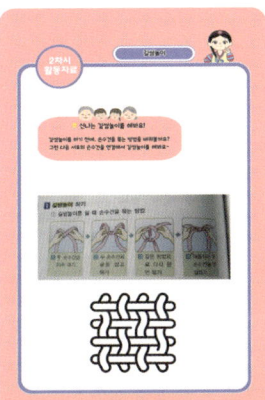

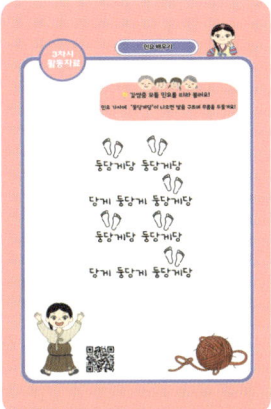

Ⅱ. 한국 민요춤 교육콘텐츠 333

| 유아 콘텐츠 |

"야호! 집을 짓자"

집토리 콘텐츠의 구성

'집토리 콘텐츠'는 의당집터다지기와 쑥대고잔지경다지기는 집터를 다지는 과정을 바탕으로 움직임을 구성하였다. 땅을 고르는 몸짓, 집터를 다지는 몸짓, 가래질하는 몸짓, 주추를 다지는 몸짓을 추출하여 '터다지기춤 모듈'로 구성하였고, 이를 유아 발달 단계에 적합한 교육적 소재와 융합하여 **집토리 콘텐츠**가 탄생하였다.

집토리 STORY

"친구들 안녕~ 난 뚝딱뚝딱 멋진 집을 짓는 집토리~
어? 누가 나를 찾아왔나봐!
멋진 집을 지으려는데 도저히 뭐부터 해야하는지 모르겠다고?
집짓기의 달인! 내가 도와줄게! 우선 집을 지을 땅을 찾고
울퉁불퉁 땅도 다져보자!!"

"아기 돼지 삼형제의 집을 지으려고 열심히 땅을 다지고 있는데
글쎄 땅속에 커~~다란 돌덩이를 발견했지 뭐야!
돌덩이가 너무 커서 혼자 힘으론 어려울 것 같아~
친구들이 나를 도와줄래? 제발~"

"이제 집을 튼튼하게 짓기 위해서 기둥을 세워야하는데..
집의 기둥은 우리 몸을 지탱해주는 뼈와 같이
집을 튼튼하고 안전하게 만들어주는 고마운 역할을 해준다고해
그럼 멋진 집의 기둥을 세워볼까? 출발~"

"친구들 덕분에 아기 돼지 삼형제에게도 튼튼하고 안전한 집이 생겼어~
이제 집을 아름답고 예쁘게 꾸며보려고 하는데
친구들과 함께 하면 즐거울 것 같아!
우리와 함께 반짝반짝 예쁜 집을 꾸며보자! "

집토리 민요

야-호 집을 짓자
야-호 집을 짓자
어디-에 지을-까
야-호 집을 짓자
이쪽저쪽 잘- 살펴
야-호 집을 짓자

야-호 집을 짓자
야-호 집을 짓자
튼튼-히 사방치-기
야-호 집을 짓자
성큼성-큼 터다-지기
야-호 집을 짓자

야-호 집을 짓자
야-호 집을 짓자
평평하고 반듯하게
야-호 집을 짓자
우리집-터 완성되네
야-호 집을 짓자

야-호 집을 짓자 (야-호 집을 짓자)
야-호 집을 짓자 (야-호 집을 짓자)
야-호 집을 짓자 (야-호 집을 짓자)
야-호 집을 짓자 (야-호 집을 짓자)

'집토리' 수업의 전체 전개

1차시

울퉁불퉁 땅을 다지자
춤, 이야기 - 울퉁불퉁 땅을 다지자
춤, 미디어 - 짓고 싶어 하는 집의 영상
춤, 이미지 - 여러 모양의 돌멩이 치우기와 땅 다지기 움직임 표현하기
춤, 민요 - 집토리와 함께 하는 한국 민요춤
춤, 메시지 - 수업내용을 이해하고 공감하기

2차시

영차영차 힘을 모아요
춤, 이야기 - 영차영차 힘을 모아요
춤, 미디어 - 큰 돌이 등장하는 영상
춤, 이미지 - 가래질하기와 주추다지기의 과정을 표현하기
춤, 민요 - 집토리와 함께 하는 한국 민요춤
춤, 메시지 - 수업내용을 이해하고 공감하기

3차시

튼튼한 기둥을 세워요
춤, 이야기 - 튼튼한 기둥을 세워요
춤, 미디어 - 기둥이 세워지고 집이 만들어지는 영상
춤, 이미지 - 소품을 이용하여 기둥 만들기와 몸으로 기둥 표현하기
춤, 민요 - 집토리와 함께 하는 한국 민요춤
춤, 메시지 - 수업내용을 이해하고 공감하기

4차시

반짝반짝 예쁜 집을 꾸며요
춤, 이야기 - 반짝반짝 예쁜 집을 꾸며요
춤, 디자인 - 나만의 집을 만들고 꾸미기
춤, 민요 - 집토리와 함께 하는 한국 민요춤
춤, 메시지 - 수업내용을 이해하고 공감하기

울퉁불퉁 땅을 다지자

학습 개요	집을 짓기 전에 땅을 고르고 터를 다지는 활동이다. 친구들과 함께 돌멩이를 줍고 치워보는 놀이를 통해 협동심을 기르고 손과 발로 땅을 다지는 움직임을 표현하며 집토리춤을 춘다.
학습 목표	· 집을 짓기 전에 집터를 고르고 다지는 과정을 이해할 수 있다. · 돌멩이를 줍고 치워보는 놀이를 통해 협동심을 기를 수 있다. · 땅을 다지는 동작을 표현하며 집토리춤을 출 수 있다.
수업 교구	· 아이패드(Artivive 애플리케이션) · 집터 이미지 마커판 1 · 밸런스 블록 · 뽁뽁이
춤, 이야기	    '울퉁불퉁 땅을 다지자' 영상

[1차시] 울퉁불퉁 땅을 다지자

	활동	교수·학습활동	지도상의 유의점	음원
도입	하이인사	한국 민요춤 하이인사를 통해 친구들, 선생님과 인사를 나누며 가볍게 몸풀기 열을 맞춰 학습자들을 정렬한 뒤 하이인사 노래와 춤을 설명	학습자의 출석 및 건강상태 확인	Hi song
전개	춤, 이야기	〈울퉁불퉁 땅을 다지자〉 엄마 돼지가 각자의 집을 짓고 살아라라는 이야기와 집을 짓고 살기 위해 울퉁불퉁한 땅을 다져야 하는 상황 설명	질서를 지키도록 학습자 통솔 및 동기유발	
	춤, 미디어 춤, 이미지 춤, 민요	〈짓고 싶은 집〉 Artivive를 활용하여 집터 이미지 마커판1을 인식하면 아기돼지삼형제가 짓고 싶어 하는 집의 영상 구현 〈돌멩이를 치워요〉 집을 지을 공간에 있는 여러 모양의 돌멩이(밸런스 블록)를 치우기 〈땅을 평평하게 다져요〉 뽁뽁이를 활용하여 손으로 땅 다지기, 발로 땅 다지기 움직임 표현 〈집토리춤〉 ① 땅 다지기	질서 있게 영상을 시청할 수 있도록 규칙 알려주기 방향을 전환하며 다양한 공간을 구성하여 움직임이 유발되도록 지도	 집토리 민요
	교구	· 아이패드(Artivive 애플리케이션) · 집터 이미지 마커판 1 · 밸런스 블록 · 뽁뽁이		

[1차시] 울퉁불퉁 땅을 다지자

	활동	교수·학습활동	지도상의 유의점	음원
마무리	춤, 메시지	1차시 수업의 전반적인 내용을 이해하고 공감하기	수업 내용에 대한 설명과 가치를 유도하며 학습자간의 의견이 공유될 수 있도록 학습분위기 조성	
		〈차시예고〉 큰 돌을 발견하여 돌을 옮겨야 한다는 상황 설명	2차시 수업 내용에 대한 흥미유발	
	바이인사	바이인사를 통해 친구들, 선생님과 수업의 마무리	교사의 설명을 듣고 바이인사를 배우며 수업을 마무리	Bye song

활동모습	
 〈돌멩이를 치워요 활동〉	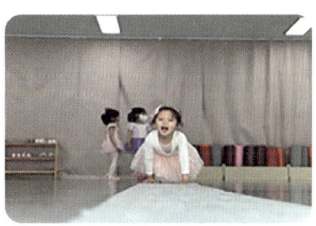 〈땅을 평평하게 다져요 활동〉

Ⅱ. 한국 민요춤 교육콘텐츠 343

영차영차 힘을 모아요

학습 개요	안전하고 고른 땅을 만들기 위한 활동이다. 흙을 파서 멀리 던지는 가래질을 움직임으로 표현하고 땅을 평평하게 만드는 주추다지기를 놀이를 경험하며 협동심을 기른다.
학습 목표	· 가래질에 대해 이해하며 움직임으로 표현할 수 있다. · 친구들과 협동하여 주추다지기 놀이를 경험할 수 있다. · 민요를 부르며 집토리춤을 출수 있다.
수업 교구	· 아이패드(Artivive 애플리케이션) · 집터 이미지 마커판 2 · 큰 공 · 줄
춤, 이야기	    '영차영차 힘을 모아요' 영상

[2차시] 영차영차 힘을 모아요

	활동	교수·학습활동	지도상의 유의점	음원
도입	하이인사	한국 민요춤 하이인사를 통해 친구들, 선생님과 인사를 나누며 가볍게 몸풀기 열을 맞춰 학습자들을 정렬한 뒤 하이인사 노래와 춤을 설명	학습자의 출석 및 건강상태 확인	Hi song
	춤, 이야기 춤, 미디어	〈영차영차 힘을 모아요〉 집을 짓기 위해 방해가 되는 큰 돌을 옮겨야 한다는 상황 설명	질서를 지키도록 학습자 통솔 및 동기유발	
	춤, 민요	〈야호 집을 짓자 야호 집을 짓자〉 민요와 장단을 배우고 함께 불러보기 민요를 학습자에게 직접 불러주며 설명	교사의 설명을 듣고 집토리 민요를 배운 뒤 불러봄	집토리 민요
전개	춤, 미디어 춤, 이미지	〈큰 돌이 있어요〉 Artivive를 활용하여 십터 이미지 마커판2를 인식하면 큰 돌이 등장하는 영상 구현 〈가래질하기〉 큰 돌을 치우기 위해 가래질 동작 배우기 〈주추다지기〉 큰 공을 줄로 연결하여 땅을 평평하게 만들며 주추다지기 과정을 표현	교사의 설명을 듣고 한 명씩 규칙을 지켜 안전하게 활동에 참여하도록 유도 가래질하기 : 흙을 파내고 평평하게 하는 작업 주추다지기 : 땅 위에 놓아 기둥을 받쳐주는 건축재로 땅을 평평하게 만드는 작업	

[2차시] 영차영차 힘을 모아요

	활동	교수·학습활동	지도상의 유의점	음원
전개	춤, 민요	〈집토리춤〉 ① 가래질하기 ② 주추다지기	친구들과 부딪히지 않도록 질서 있게 활동에 참여하도록 지도 집토리춤을 리듬감있게 표현하도록 지도	집토리 민요
	교구	· 아이패드(Artivive 애플리케이션) · 집터 이미지 마커판 2 · 큰 공 · 줄		
마무리	춤, 메시지	2차시 수업의 전반적인 내용을 이해하고 공감하기 〈차시예고〉 터를 다졌으니 집을 지으려면 집의 뼈인 기둥과 틀을 튼튼하게 지어야 한다는 설명	수업내용에 대한 설명과 가치를 유도하며 학습자 간의 의견이 공유될 수 있도록 학습 분위기 조성 3차시 수업 내용에 대한 흥미유발	
	바이인사	바이인사를 통해 친구들, 선생님과 수업의 마무리	교사의 설명을 듣고 바이인사를 배우며 수업을 마무리	Bye song
활동모습	 〈집터 이미지 Artivive 활동〉		 〈주추다지기 활동〉	

튼튼한 기둥을 세워요

학습 개요	집의 뼈대를 위한 기둥과 틀을 튼튼하게 만들어 보는 활동이다. 기둥 사진을 보고 소품을 활용하여 다양한 기둥을 만들고 이를 바탕으로 몸으로 기둥을 표현하며 집토리춤을 춘다.
학습 목표	· 소품을 활용하여 다양한 기둥을 창의적으로 만들 수 있다. · 몸으로 기둥을 표현할 수 있다. · 집토리 민요를 부르며 집토리춤을 출 수 있다.
수업 교구	· 아이패드(Artivive 애플리케이션) · 집터 이미지 마커판 3 · 기둥 사진 · 밸런스 블록
춤, 이야기	 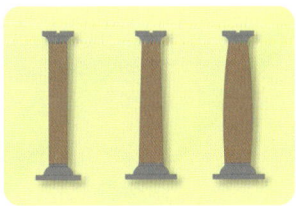   '튼튼한 기둥을 세워요' 영상

Ⅱ. 한국 민요춤 교육콘텐츠

[3차시] 튼튼한 기둥을 세워요

	활동	교수·학습활동	지도상의 유의점	음원
도입	하이인사	한국 민요춤 하이인사를 통해 친구들, 선생님과 인사를 나누며 가볍게 몸풀기 열을 맞춰 학습자들을 정렬한 뒤 하이인사 노래와 춤을 설명	학습자의 출석 및 건강상태 확인	Hi song
전개	춤, 이야기 춤, 미디어	⟨튼튼한 기둥을 세워요⟩ 터를 다졌으니 집을 지으려면 집의 뼈대인 기둥과 틀을 튼튼하게 지어야 한다는 상황 설명	질서를 지키도록 학습자 통솔 및 동기유발	
	춤, 민요	⟨야호 집을 짓자 야호 집을 짓자⟩ 민요와 장단을 배우고 함께 불러 보기	리듬을 타며 민요를 부르도록 유도	집토리 민요
	춤, 미디어 춤, 이미지 춤, 민요	⟨기둥이 세워지고 집이 만들어져요⟩ Artivive를 활용하여 집터 이미지 마커판3을 인식하여 기둥이 세워지고 집이 만들어지는 영상 구현 ⟨기둥 만들기⟩ 기둥 사진을 보여주고 밸런스 블록을 이용하여 기둥 만들기 ⟨몸으로 기둥 만들기⟩ 다양한 신체 부위를 활용하여 몸으로 기둥 표현 ⟨집토리춤⟩ ① 집 짓기	질서 있게 영상을 시청할 수 있도록 규칙 알려주기 안전하게 놀이를 하도록 규칙을 설명 창의적으로 자유롭게 움직임을 표현하도록 분위기 조성 집토리춤을 여러 번 반복하며 충분히 학습할 수 있도록 지도	집토리 민요
	교구	· 아이패드(Artivive 애플리케이션) · 집터 이미지 마커판 3 · 기둥 사진 · 밸런스 블록		

[3차시] 튼튼한 기둥을 세워요

	활동	교수·학습활동	지도상의 유의점	음원
마무리	춤, 메시지	3차시 수업의 전반적인 내용을 이해하고 공감하기 〈차시예고〉 튼튼하고 안전한 집이 생겼으니 예쁜 집을 꾸며보자는 설명	수업내용에 대한 설명과 가치를 유도하며 학습자 간의 의견이 공유될 수 있도록 학습 분위기 조성 4차시 수업내용에 대한 흥미유발	
	바이인사	바이인사를 통해 친구들, 선생님과 수업의 마무리	교사의 설명을 듣고 바이인사를 배우며 수업을 마무리	Bye song
활동모습	 〈기둥 만들기 활동〉		 〈몸으로 기둥 만들기 활동〉	

반짝반짝 예쁜 집을 꾸며요

학습 개요	나만의 반짝반짝 예쁜 집을 만들어 꾸미고 친구들과 함께 음악에 맞춰 리듬감있게 집토리춤을 추는 활동이다.
학습 목표	· 예쁜 집을 만들고 꾸밀 수 있다. · 박자에 맞춰 리듬감 있게 집토리춤을 표현할 수 있다. · 집토리 민요를 부르며 집토리춤을 완성할 수 있다.
수업 교구	· 집 만들기 활동지 · 풀 · 색연필
춤, 이야기	    '반짝반짝 예쁜 집을 꾸며요' 영상

[4차시] 반짝반짝 예쁜 집을 꾸며요

	활동	교수·학습활동	지도상의 유의점	음원
도입	하이인사	한국 민요춤 하이인사를 통해 친구들, 선생님과 인사를 나누며 가볍게 몸풀기 열을 맞춰 학습자들을 정렬한 뒤 하이인사 노래와 춤을 설명	학습자의 출석 및 건강상태 확인	Hi song
	춤, 이야기 춤, 미디어	<반짝반짝 예쁜 집을 꾸며요> 집을 예쁘게 꾸며보자는 상황 설명	질서를 지키도록 학습자 통솔 및 동기유발	
	춤, 민요	<야호 집을 짓자 야호 집을 짓자> 민요와 장단을 배우고 함께 불러 보기	리듬을 타며 민요를 부르도록 유도	집토리 민요
전개	춤, 디자인 춤, 민요	<내 집을 만들고 꾸며봐요> 집 만들기 활동지를 활용하여 나만의 집을 만들고 꾸미기 <집토리춤 추기> 1-4차시까지 배운 민요춤 연결 ① 땅 다지기 ② 가래질하기 ③ 주추다지기 ④ 집 짓기	자유롭게 상상하여 창의적으로 활동을 하도록 유도 음악에 맞춰 리듬감있게 춤을 출 수 있도록 지도	집토리 민요
	교구	·집 만들기 활동지 ·풀 ·색연필		

[4차시] 반짝반짝 예쁜 집을 꾸며요

	활동	교수·학습활동	지도상의 유의점	음원
마무리	춤, 메시지	수업 전체를 마무리하며 최종적으로 느낀 점에 대해 이야기를 나누는 시간을 갖기	4차시에 학습한 집토리 수업에 대한 소감을 묻기	
	바이인사	바이인사를 통해 친구들, 선생님과 수업의 마무리	교사의 설명을 듣고 바이 인사를 배우며 수업을 마무리	Bye song

활동 모습

〈집토리춤 추기 활동〉

집토리 콘텐츠의 구성

'집토리 콘텐츠'는 의당집터다지기와 쑥대고잔지경다지기는 집터를 다지는 과정을 바탕으로 움직임을 구성하였다. 땅을 고르는 몸짓, 집터를 다지는 몸짓, 가래질하는 몸짓, 주추를 다지는 몸짓을 추출하여 '터다지기춤 모듈'로 구성하였고, 이를 시니어의 신체활동과 정서적 교감을 도울 수 있는 교육적 소재와 접목시켜 **집토리 콘텐츠**를 탄생시켰다.

'집토리' 수업의 전체 전개

1차시
몸 다스리기
춤, 이야기 - 인문학 이야기
춤, 미디어 - 경혈에 대한 영상시청
춤, 이미지 - 우리의 손을 관찰해봐요!
춤, 메시지 - 수업내용을 이해하고 공감하기

몸 만들기
춤, 이야기 - 인문학 이야기
춤, 디자인 - 방석을 만들어봐요!
춤, 이미지 - 신나는 방석 놀이
춤, 미디어 - 날 따라해봐요!
춤, 민요 - 함께 하는 한국 민요춤
춤, 메시지 - 수업내용을 이해하고 공감하기

몸 표현하기
춤, 이야기 - 인문학 이야기
춤, 미디어 - 터다지기춤 모듈 민요를 따라 불러요!
춤, 이미지 - 터다지기춤 모듈을 배워볼까요?
춤, 민요 - 함께 하는 한국 민요춤
춤, 메시지 - 수업내용을 이해하고 공감하기

몸 창조하기
춤, 이야기 - 인문학 이야기
춤, 이미지 - 터다지기춤 모듈 민요춤 추기
춤, 미디어 - 디지털 춤·춤·춤
춤, 민요 - 함께 하는 한국 민요춤
춤, 메시지 - 수업내용을 이해하고 공감하기

1차시

몸 다스리기

학습 개요	한국 민요춤 터다지기춤 모듈을 활용한 내용으로 몸을 다스리는 활동이다. 내 몸이 집이 되어 경혈 자리에 따라 몸을 깨우며 손과 발을 이용하여 땅을 고르듯이 몸을 다스리며 나를 들여다보는 경험을 한다.
학습 목표	· 터다지기춤 모듈의 역사와 놀이의 배경을 알 수 있다. · 자신의 몸을 인식하며 몸을 깨울 수 있다. · 경혈 자리에 따라 손과 발을 이용하여 몸을 다스릴 수 있다. · 호흡을 다스리며 힐링을 경험할 수 있다.
수업 교구	· 지압봉 · 싱잉볼
춤, 이야기	  '터다지기춤 모듈의 역사여행' 영상

[1차시] 몸 다스리기

	활동	교수·학습활동	지도상의 유의점	음원
도입	춤, 이야기 춤, 미디어	〈인문학 이야기〉 인문학과 함께하는 사전영상 이야기 나누고 공감하기 〈몸 깨우기〉 신체 부위별로 털기, 두드리기, 돌리기, 늘리기를 하며 자신의 몸을 인식하고 깨우기	몸에 집중하여 관절을 이완하며 몸의 기운이 순환되도록 유도	자연의 소리
전개	춤, 이미지 춤, 미디어	〈바디 하우스〉 몸이 곧 집이라 생각하고 자신의 몸에 대해 이야기 나누며 생각 공유하기 경혈에 대한 영상시청(몸 전체에 경혈 알아본 후 손바닥을 지압봉으로 자극해보기) ★손주와 함께하는 활동 여러분의 집(몸)은 건강한가요? 라는 주제로 손주와 집(몸)을 탐색하기 ex) 서로 안마 해주기 우리의 손을 관찰하기라는 주제로 손주와 함께 손바닥 지압하기 〈몸 고르기〉 땅 고르기를 활용한 동작으로 경혈 자리와 연결하여 신체 부위별 기순환하기 머리 어깨 무릎 발 노래를 부르며 기순환 스트레칭 〈다함께 춤추기〉 다 같이 원을 이루어 배운 동작을 자유롭게 표현하기 ① 땅고르기	학습자가 몸이 집이라는 인식을 하도록 동기유발 경혈에 대해 이해하도록 설명하며 세분화하여 지도 지압봉을 사용하여 경혈점 자극 학습자 간 교감을 하며 활동에 참여하도록 학습 분위기 조성	터다지기춤 모듈 민요
마무리	춤, 메시지	〈호흡 다스리기〉 누워서 호흡을 다스리며 에너지의 흐름을 느끼고 치유하기	학습자가 천천히 호흡을 다스릴 수 있도록 차분한 분위기 조성	자연의 소리

2차시

몸 만들기

학습 개요	집터다지기 동작을 활용하여 몸의 밸런스를 잡는 활동이다. 하체 중심의 발 스텝, 코어 근육을 강화하기 위한 중심 잡기 등 몸의 균형을 맞추며 근력을 키운다. 또한 방석을 활용한 창의적인 집터다지기춤을 춘다.
학습 목표	· 집터다지기 동작에 대해 알 수 있다. · 자신의 몸을 인식하며 몸을 깨울 수 있다. · 집터다지기 동작을 통해 하체의 근력을 키울 수 있다. · 방석을 활용한 창의적인 집터다지기춤을 출 수 있다.
수업 교구	· 학습자별 방석 · 싱잉볼
춤, 이야기	  '집터다지기 동작' 영상

[2차시] 몸 만들기

	활동	교수·학습활동	지도상의 유의점	음원
도입	춤, 이야기 춤, 미디어	〈인문학 이야기〉 인문학과 함께하는 사전영상 이야기 나누고 공감하기 〈몸 깨우기〉 신체 부위별로 털기, 두드리기, 돌리기, 늘리기를 하며 자신의 몸을 인식하고 깨우기	몸에 집중하여 관절을 이완하며 몸의 기운이 순환되도록 유도	자연의 소리
전개	춤, 이미지 춤, 디자인 춤, 민요	〈몸 만들기〉 집터다지기 동작을 활용하여 하체 중심의 발 스텝 하기 〈방석 만들기〉 큰 종이로 딱지 모양의 방석 만들기 점선면을 활용한 나만의 집터 만들기 〈방석 놀이〉 방석을 활용하여 몸 스트레칭, 징검다리 건너기, 중심 잡기 등 놀이하기 〈다함께 춤추기〉 다 같이 원을 이루어 배운 동작을 자유롭게 표현하기 ① 땅고르기 ② 집터다지기	여러 방향으로 다양하게 공간을 구성하도록 스텝을 유도 교사의 시범을 보며 만들도록 지도 학습자별 방석 만들기 안전에 유의하도록 지도 학습자 간 교감을 하며 활동에 참여하도록 학습 분위기 조성	터다지기춤 모듈 민요
마무리	춤, 메시지	〈호흡 다스리기〉 누워서 호흡을 다스리며 에너지의 흐름을 느끼고 치유하기	학습자가 천천히 호흡을 다스릴 수 있도록 차분한 분위기 조성	자연의 소리

3차시

몸 표현하기

학습 개요	가래질하기, 주추다지기 동작에 대해 이해하고 경험하는 활동이다. 또한 민요를 배우고 장단을 익히며 터다지기춤 모듈을 리듬감있게 춤출 수 있도록 한다.
학습 목표	· 가래질하기, 주추다지기 동작에 대해 알 수 있다. · 자신의 몸을 인식하며 몸을 깨울 수 있다. · 민요와 함께 장단을 익힐 수 있다. · 가래질하기, 주추다지기 춤을 출 수 있다.
수업 교구	· 학습자별 방석 · 싱잉볼
춤, 이야기	  '가래질하기 주추다지기 동작' 영상

[3차시] 몸 표현하기

	활동	교수·학습활동	지도상의 유의점	음원
도입	춤, 이야기 춤, 미디어	<인문학 이야기> 인문학과 함께하는 사전영상 이야기 나누고 공감하기 <몸 깨우기> 신체 부위별로 털기, 두드리기, 돌리기, 늘리기를 하며 자신의 몸을 인식하고 깨우기	몸에 집중하여 관절을 이완하며 몸의 기운이 순환되도록 유도	자연의 소리
전개	춤, 이미지 춤, 민요	<장단 배우기> 구음, 무릎치기, 박수치기 등을 활용하여 굿거리장단을 다양한 방법으로 익히기 <민요 배우기> 리듬감있게 터다지기춤 모듈 민요 배우기 <가래질하기> 가래질하듯이 두 손으로 흙을 퍼 올리는 동작을 여러 방향으로 표현하기 <주추다지기> 주춧돌의 줄끈을 당기듯이 뒷걸음질하며 작게 원을 그리며 돌기 주춧돌 위에서 뛰듯이 양 팔을 위로 늘어 높게 뛰기 <다함께 춤추기> 다 같이 원을 이루어 배운 동작을 자유롭게 표현하기 ① 땅고르기 ② 집터다지기 ③ 가래질하기 ④ 주추다지기	입으로 장단을 타며 다양한 방법으로 장단을 익히도록 지도 몸으로 리듬을 타며 민요를 부르도록 유도 방향을 전환하며 움직임을 표현하도록 지도 학습자 간 교감을 하며 활동에 참여하도록 학습 분위기 조성	터다지기춤 모듈 민요
마무리	춤, 메시지	<호흡 다스리기> 누워서 호흡을 다스리며 에너지의 흐름을 느끼고 치유하기	학습자가 천천히 호흡을 다스릴 수 있도록 차분한 분위기 조성	자연의 소리

4차시

몸 창조하기

학습 개요	터다지기춤 모듈을 다양하게 창조하는 활동이다. 땅고르기, 집터다지기, 가래질하기, 주추다지기 동작을 민요에 맞춰 완성도 있게 구성하고 디지털 영상으로 기록하여, 영상을 공유한다.
학습 목표	· 땅고르기, 집터다지기, 가래질하기, 주추다지기 동작을 출출 수 있다. · 터다지기춤 모듈을 다양하게 창조할 수 있다. · 터다지기춤 모듈을 디지털 영상으로 기록할 수 있다. · 기록한 영상을 공유하며 이야기 나눌 수 있다.
수업 교구	· 학습자별 핸드폰 · 싱잉볼
춤, 이야기	  '터다지기춤 모듈' 영상

[4차시] 몸 창조하기

	활동	교수·학습활동	지도상의 유의점	음원
도입	춤, 이야기 춤, 이미지	〈인문학 이야기〉 인문학과 함께하는 사전영상 이야기 나누고 공감하기 〈몸 깨우기〉 신체 부위별로 털기, 두드리기, 돌리기, 늘리기를 하며 자신의 몸을 인식하고 깨우기	몸에 집중하여 관절을 이완하며 몸의 기운이 순환되도록 유도	자연의 소리
전개	춤, 민요 춤, 미디어	〈민요춤 추기〉 터다지기춤 모듈을 최종적으로 배우고 익히기 ① 땅고르기 ② 집터다지기 ③ 가래질하기 ④ 주추다지기 〈디지털 춤·춤·춤〉 그룹별 영상 촬영 후, 촬영한 영상을 보면서 이야기 공유하기	민요에 맞춰 리듬감 있게 춤을 출 수 있도록 지도 자유롭게 의견을 나누며 창의적으로 영상을 촬영하도록 지도	터다지기춤 모듈 민요
마무리	춤, 메시지	〈호흡 다스리기〉 누워서 호흡을 다스리며 에너지의 흐름을 느끼고 치유하기	학습자가 천천히 호흡을 다스릴 수 있도록 차분한 분위기 조성	자연의 소리

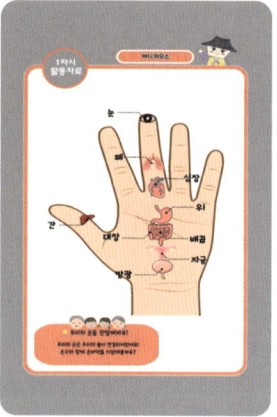

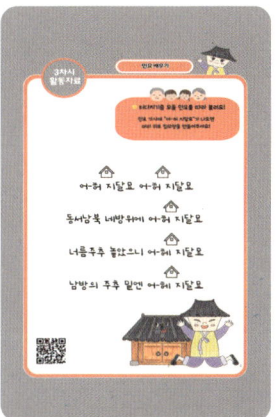

달토리 콘텐츠의 구성

'달토리 콘텐츠'는 영덕월월이청청의 네 개의 놀이(달넘세, 대문열기, 재밟기, 실꾸리 감고풀기)를 바탕으로 구성하였다. 반복적인 발 동작으로 넘어가는 달넘세 몸짓, 대문을 열고 닫는 몸짓, 재(기와)를 밟는 몸짓, 실꾸리를 감고 푸는 몸짓을 추출하여 '월월이춤 모듈'로 구성하였고 이를 유아 발달 단계에 적합한 교육적 소재와 융합하여 **'달토리 콘텐츠'**가 탄생하였다.

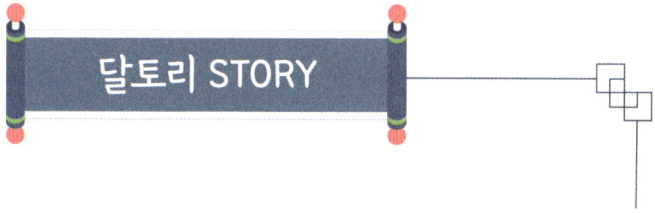

달토리 STORY

"친구들 안녕? 난 반짝반짝 달토리라고 해~"
"애들아~ 엄마는 일을 하러 갈 테니 절대 모르는 사람에게 문을 열어주면 안된단다~"

"하암..(하품) 벌써 해가 졌는데 엄마는 언제 오시지..?"
"어? 누가 왔나봐!"
" 애들아~ 문을 열어다오~ 어흥~"
"잠깐! 문을 열어주기 전에 우선 엄마가 맞는지 확인해보자"
"누구세요?"
"누구긴 누구야~ 엄마지~ 어서 문을 열어다오~ 어흥~"
"흐음...(고민) 엄마 목소리가 조금 이상한 것 같은데?"

"친구들! 문밖에 찾아온 건 엄마가 아닌 호랑이였어!!"
호랑이야! 엄마가 아니면 절대 문을 열어줄 수 없어!"
"이런... 들켜버렸군... 어쩔 수 없지... 어흥...! 집을 부수고 들어갈 수밖에!!! 어흥!!!"
"으아악! 친구들 어쩌지? 호랑이가 집을 부수고 들어오려고 해!!
집이 흔들려서 방안의 물건들이 바닥으로 떨어지고 있어!! 위험해! 친구들 도와줘~!!"

휴.. 호랑이를 피해 겨우 지붕위로 올라왔어! 설마... 여기까지 따라오진 않겠지?"
"어흥~ 지붕위로 도망쳤겠다! 후후훗!
하지만 난 날카롭고 강력한 발톱으로 나무는 물론 벽도 탈 수 있다고! 딱 기다려랏!"
"으아악!! 이제 더 이상 도망칠 곳이 없어..."
"친구들! 저기봐! 예쁜 보름달이 떴어!!"
"참! 예전에 엄마가 말씀해 주셨는데 둥근 보름달에게 간절히 소원을 빌면 그 소원이
이루어진데!"
"친구들! 호랑이가 올라오기 전에 함께 마음을 모아 보름달에게 도와달라고 소원을 빌어보자!"

달토리 민요

월월이 청청
월월이 청청

동쪽하늘 푸른 달이
월월이 청청

서쪽하늘 붉은 달이
월월이 청청

삐죽삐죽 초승달이
월월이 청청

누이 눈썹 꼭 닮았네
월월이 청청

부끄러운 반-달이
월월이 청청

반쪽얼굴 내밀었네
월월이 청청

동글동글 보름달이
월월이 청청

우리 소원 이뤄주네
월월이 청청

월월이 청청
월월이 청청

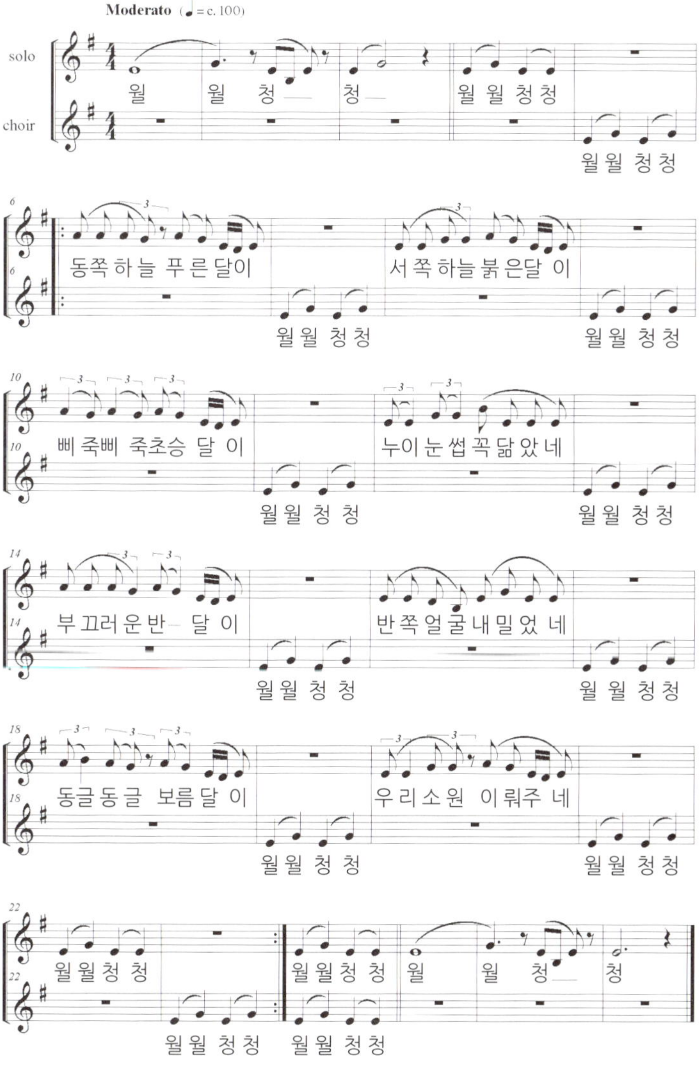

'달토리' 수업의 전체 전개

우애 좋은 오누이
춤, 이야기 - 우애 좋은 오누이
춤, 이미지 - 달 표현하기
춤, 미디어 - 디지털 매체를 활용하여 강강술래 구현
춤, 메시지 - 수업내용을 이해하고 공감하기

똑똑똑 누구세요
춤, 이야기 - 똑똑똑 누구세요
춤, 미디어 - 동물 실루엣 마커 설정
춤, 이미지 - 문지기 놀이
춤, 민요 - 달토리와 함께 하는 한국 민요춤
춤, 메시지 - 수업내용을 이해하고 공감하기

안전한 곳으로 가자
춤, 이야기 - 안전한 곳으로 가자
춤, 미디어 - 재난(지진) 또는 화재 등 비상 상황의 대응 방법 교육 영상
춤, 디자인 - 튼튼한 줄을 만들기
춤, 이미지 - 줄넘기 놀이
춤, 민요 - 달토리와 함께 하는 한국 민요춤
춤, 메시지 - 수업내용을 이해하고 공감하기

달님에게 소원을 빌어봐요
춤, 이야기 - 달님에게 소원을 빌어봐요
춤, 이미지 - 소원을 적어 소원 쌓기
춤, 민요 - 달토리와 함께 하는 한국 민요춤
춤, 메시지 - 수업내용을 이해하고 공감하기

우애 좋은 오누이

학습 개요	달밤에 추는 월월이청청을 이해하며, 달을 다양한 방법으로 표현하여 나만의 창의적인 달을 만드는 활동이다. 또한 달넘세하며 다른 사람들과 협동하며 민요춤을 춘다.
학습 목표	· 월월이청청에 대해 이해할 수 있다. · 달을 다양한 방법으로 표현할 수 있다. · 친구들과 협동하여 달넘세 놀이를 할 수 있다. · 달토리춤을 출 수 있다
수업 교구	· 아이패드(Artivive 애플리케이션) · 달 이미지 마커판
춤, 이야기	    '우애 좋은 오누이' 영상

Ⅱ. 한국 민요춤 교육콘텐츠

[1차시] 우애 좋은 오누이

	활동	교수·학습활동	지도상의 유의점	음원
도입	하이인사	한국 민요춤 하이인사를 통해 친구들, 선생님과 인사를 나누며 가볍게 몸풀기 열을 맞춰 학습자들을 정렬한 뒤 하이인사 노래와 춤을 설명	학습자의 출석 및 건강상태 확인	Hi song
	춤, 이야기 춤, 미디어	⟨우애 좋은 오누이⟩ 해님 달님 오누이가 함께 집을 지켜야 하는 상황 설명	질서를 지키도록 학습자 통솔 및 동기유발	
전개	춤, 미디어 춤, 이미지	⟨달 놀이하자⟩ Artivive를 활용하여 달 이미지에 마커를 인식하면 강강술래하는 여인들의 영상 구현 ⟨달아 달아 밝은 달아⟩ 다양한 신체를 활용하여 달 표현 ⟨달넘세⟩ 한 발을 들거나 좌우 또는 앞뒤로 중심 이동하며 반복적인 발동작하기	질서 있게 영상을 시청할 수 있도록 규칙 알려주기 교사가 시범을 보이며 다양한 움직임이 유발되도록 학습단서 제공 여러 번 반복하며 충분히 움직임이 학습되도록 지도	달토리 민요
	교구	· 아이패드(Artivive 애플리케이션) · 달 이미지 마커판		

[1차시] 우애 좋은 오누이

	활동	교수·학습활동	지도상의 유의점	음원
마무리	춤, 메시지	1차시 수업의 전반적인 내용을 이해하고 공감하기 〈차시예고〉 오누이의 집에 누군가 찾아왔다는 상황 설명	수업 내용에 대한 설명과 가치를 유도하며 학습자간의 의견이 공유될 수 있도록 학습분위기 조성 2차시 수업 내용에 대한 흥미유발	
	바이인사	바이인사를 통해 친구들, 선생님과 수업의 마무리	교사의 설명을 듣고 바이인사를 배우며 수업을 마무리	Bye song
활동모습	 〈달아 달아 밝은 달아 활동〉		 〈달넘세 활동〉	

Ⅱ. 한국 민요춤 교육콘텐츠

똑똑똑 누구세요

학습 개요	Artivive를 활용하여 실루엣 맞추기를 하며 엄마를 찾아보는 활동이다. 민요 월월이 청청을 배워 친구들과 함께 부르며 리듬감을 익히고, 대문열고 닫기를 놀이를 통해 달토리춤을 춘다.
학습 목표	· 실루엣을 보고 엄마를 찾아볼 수 있다. . 월월이청청을 부를 수 있다. · 대문열고 닫기를 하며 친구들과 함께 춤출 수 있다. · 달토리춤을 출 수 있다.
수업 교구	· 아이패드(Artivive 애플리케이션) · 엄마, 호랑이, 강아지 마커판
춤, 이야기	    '똑똑똑, 누구세요?' 영상

[2차시] 똑똑똑 누구세요

	활동	교수·학습활동	지도상의 유의점	음원
도입	하이인사	한국 민요춤 하이인사를 통해 친구들, 선생님과 인사를 나누며 가볍게 몸풀기 열을 맞춰 학습자들을 정렬한 뒤 하이인사 노래와 춤을 설명		Hi song
전개	춤, 이야기 춤, 미디어	〈똑똑똑 누구세요〉 해가 진 저녁 수상한 목소리로 문 열어달라는 상황에 대한 설명	교사의 설명을 듣고 현재의 상황에 대해 인지	
	춤, 미디어 춤, 이미지 춤, 민요	〈누구세요〉 Artivive을 활용하여 실루엣 마커판을 인식하면 엄마, 호랑이, 강아지가 월월이청청을 부르는 영상 구현 〈월월이청청〉 민요와 장단을 배우고 함께 불러 보기 민요를 학습자에게 직접 불러주며 설명 〈나 잡아봐라〉 줄을 이루어 이동하면 문지기가 호랑이를 잡는 활동 〈달토리춤〉 ① 달넘세하기 ② 대문열고 닫기	질서를 지키도록 학습자 통솔 교사의 설명을 듣고 노래를 배운 뒤 직접 불러봄 문지기 호랑이 역할 정하기 질서를 지키며 움직임을 할 수 있도록 지도 달토리춤을 여러번 반복하며 충분히 학습할 수 있도록 지도	달토리 민요
	교구	·아이패드(Artivive 애플리케이션) ·엄마, 호랑이, 강아지 마커판		

[2차시] 똑똑똑 누구세요

	활동	교수·학습활동	지도상의 유의점	음원
마무리	춤, 메시지	수업의 전반적인 내용을 이해하고 공감하기 〈차시예고〉 오누이에게 호랑이가 찾아왔다는 이야기	수업내용에 대한 설명과 가치를 유도 3차시 수업 내용에 대한 흥미 유발	
	바이인사	바이인사를 통해 친구들, 선생님과 수업의 마무리	교사의 설명을 듣고 바이인사를 배우며 수업을 마무리	Bye song

활동모습	 〈나 잡아봐라 활동〉	 〈달 넘세 하기 활동〉

3차시

안전한 곳으로 가자

학습 개요	재난(지진) 또는 화재 등 비상 상황에 대응하는 방법에 대해 배워보는 활동이다. 천을 이용하여 새끼줄(안전줄) 땋기를 하고 줄을 이용한 다양한 놀이를 경험하며 달토리춤을 춘다.
학습 목표	· 재난(지진) 또는 화재 등 비상 상황에 대응하는 방법을 알 수 있다. · 천을 이용하여 새끼줄 땋기를 할 수 있다. · 리듬을 타며 줄넘기를 할 수 있다. · 달토리춤을 출 수 있다.
수업 교구	· 비상 상황의 대응 시청각 자료 · 긴 천 · 아이패드
춤, 이야기	    '안전한 곳으로 가자' 영상

[3차시] 안전한 곳으로 가자

	활동	교수·학습활동	지도상의 유의점	음원
도입	하이인사	한국 민요춤 하이인사를 통해 친구들, 선생님과 인사를 나누며 가볍게 몸풀기 열을 맞춰 학습자들을 정렬한 뒤 하이인사 노래와 춤을 설명	학습자의 출석 및 건강상태 확인	Hi song
	춤, 이야기 춤, 미디어	〈안전한 곳으로 가자〉 호랑이가 오누이의 집으로 들어오려고 하는 위급한 상황을 설명	교사의 설명을 듣고 현재의 상황에 대해 인지	
	춤, 민요	〈월월이청청〉 민요 함께 불러 보기	리듬을 타며 민요를 부르도록 유도	달토리 민요
전개	춤, 미디어 춤, 이미지 춤, 민요	재난(지진) 또는 화재 등 비상 상황의 대응 방법 시청각 자료 활용	학습자들이 안전에 대한 시청각 자료를 볼 수 있도록 지도	
		〈튼튼한 줄을 만들자〉 천을 이용하여 새끼줄(안전줄) 땋기를 하며 나만의 튼튼한 줄을 만들기	완강기에 대한 설명	
		〈실꾸리 넘기〉 줄의 양쪽 끝을 한쪽씩 잡고 커다란 원을 그리면서 돌리면 나머지 사람들은 줄을 넘는 줄넘기 놀이	안전거리를 확보하여 활동이 이루어지도록 지도	
		〈달토리춤〉 ① 달넘세하기 ② 대문열고 닫기 ③ 실꾸리 감고 풀기	음악에 맞춰 리듬감있게 춤을 출 수 있도록 유도	달토리 민요
	교구	· 비상 상황의 대응 시청각 자료 · 긴 천 · 아이패드		

[3차시] 안전한 곳으로 가자

	활동	교수·학습활동	지도상의 유의점	음원
마무리	춤, 메시지	수업의 전반적인 내용을 이해하고 공감하기 〈차시예고〉 오누이에게 두 번째 위기가 왔다는 내용 설명	수업내용에 대한 설명과 가치를 유도 4차시 수업 내용에 대한 흥미 유발	
	바이인사	바이 인사를 통해 친구들, 선생님과 수업의 마무리	교사의 설명을 듣고 바이 인사를 배우며 수업을 마무리	Bye song

활동모습

〈튼튼한 줄을 만들자 활동〉

〈실꾸리 넘기 활동〉

달님에게 소원을 빌어봐요

학습 개요	기와를 밟듯이 한 팔을 머리 위로 들어 앞으로 걷는 기와밟기를 배우는 활동이다. 이를 통해 달토리춤을 추며 달님에게 소원을 빌어본다.
학습 목표	· 기와밟기춤을 출 수 있다. · 자신의 소원을 이야기할 수 있다. · 소원을 빌며 달토리춤을 즐겁게 출수 있다.
수업 교구	· 종이컵
춤, 이야기	    '달님에게 소원을 빌어봐요' 영상

[4차시] 달님에게 소원을 빌어봐요

	활동	교수·학습활동	지도상의 유의점	음원
도입	하이인사	한국 민요춤 하이인사를 통해 친구들, 선생님과 인사를 나누며 가볍게 몸풀기 열을 맞춰 학습자들을 정렬한 뒤 하이인사 노래와 춤을 설명	학습자의 출석 및 건강상태 확인	Hi song
	춤, 이야기 춤, 미디어	〈달님에게 소원을 빌어봐요〉 오누이에게 여러 차례 위기가 왔지만 둥근 보름 달에게 간절한 기도를 하며 도와달라는 소원을 비는 상황에 대해 설명	교사의 설명을 듣고 현재의 상황에 대해 인지	
	춤, 민요	〈월월이청청〉 민요 함께 불러 보기	리듬을 타며 민요를 부르도록 유도	달토리 민요
전개	춤, 미디어 춤, 이미지	〈소원 쌓기〉 각자 종이컵에 소원을 적어 소원 쌓기 〈기와밟기〉 기와를 밟듯이 한 팔을 머리 위로 들어 손을 흔들며 걸으며 소원 빌기 〈달토리춤 추기〉 1-4차시까지 배운 민요춤 연결 ① 달님세하기 ② 대문열고 닫기 ③ 실꾸리 감고 풀기 ④ 기와밟기	질서 있게 영상을 시청할 수 있도록 규치 알려주기 교사가 시범을 보이며 다양한 움직임이 유발되도록 학습단서 제공 여러 번 반복하며 충분히 움직임이 학습되도록 지도	달토리 민요
	교구	· 종이컵		

[4차시] 달님에게 소원을 빌어봐요

전개	활동	교수·학습활동	지도상의 유의점	음원
	춤, 메시지	수업 전체를 마무리하며 최종적으로 느낀 점에 대해 이야기를 나누는 시간을 갖기	4차시에 거친 달토리 수업에 대한 소감을 묻기	
마무리	바이인사	바이 인사를 통해 친구들, 선생님과 수업의 마무리	교사의 설명을 듣고 바이 인사를 배우며 수업을 마무리	Bye song
활동모습	 <소원 쌓기 활동1>		 <소원 쌓기 활동2>	

달토리 콘텐츠의 구성

'달토리 콘텐츠'는 영덕월월이청청의 네 개의 놀이(달넘세, 대문열기, 재밟기, 실꾸리 감고풀기)를 바탕으로 구성하였다. 반복적인 발 동작으로 넘어가는 달넘세 몸짓, 대문을 열고 닫는 몸짓, 재(기와)를 밟는 몸짓, 실꾸리를 감고 푸는 몸짓을 추출하여 '월월이춤 모듈'로 구성하였으며, 이를 시니어의 신체활동과 정서적 교감을 도울 수 있는 교육적 소재와 접목시켜 **달토리 콘텐츠**를 탄생시켰다.

민속놀이 ▷▷▷ 월월이춤 모듈 민요춤 ▷▷▷ 달토리 콘텐츠

영덕월월이청청

월월이춤 모듈
- 달넘세하기
- 대문열고 닫기
- 기와밟기
- 실꾸리 감고 풀기

온라인과 오프라인의 융합된 ALL-Line 달토리 콘텐츠

'달토리' 수업의 전체 전개

1차시 — 소원 다스리기
- 춤, 이야기 - 인문학 이야기
- 춤, 미디어 - 정월대보름에 대한 영상시청하기
- 춤, 이미지 - 달넘세 표현하기
- 춤, 디자인 - 소원을 편지에 적어요!
- 춤, 메시지 - 수업내용을 이해하고 공감하기

2차시 — 소원 만들기
- 춤, 이야기 - 인문학 이야기
- 춤, 디자인 - 연을 만들어봐요!
- 춤, 이미지 - 대문 놀이를 해요!
- 춤, 미디어 - 날 따라해봐요!
- 춤, 민요 - 함께 하는 한국 민요춤
- 춤, 메시지 - 수업내용을 이해하고 공감하기

3차시 — 소원 표현하기
- 춤, 이야기 - 인문학 이야기
- 춤, 미디어 - 월월이춤 모듈 민요를 따라 불러요!
- 춤, 이미지 - 월월이춤 모듈을 배워볼까요?
- 춤, 민요 - 함께 하는 한국 민요춤
- 춤, 메시지 - 수업내용을 이해하고 공감하기

4차시 — 소원 창조하기
- 춤, 이야기 - 인문학 이야기
- 춤, 이미지 - 월월이춤 모듈 민요춤 추기
- 춤, 미디어 - 디지털 춤·춤·춤
- 춤, 민요 - 함께 하는 한국 민요춤
- 춤, 메시지 - 수업내용을 이해하고 공감하기

1차시

소원 다스리기

학습 개요	한국 민요춤 월월이춤 모듈을 활용한 내용으로 소원을 다스리는 활동이다. 건강과 평안을 소원하며 달을 형상화한 원형의 호흡 운영을 통해 몸의 순환을 키운다.
학습 목표	· 월월이춤 모듈의 역사와 놀이의 배경을 알 수 있다. · 건강과 평안을 소원하며 이야기 나눌 수 있다. · 달을 형상화한 원형의 호흡 운영을 통해 몸의 순환을 키울 수 있다. · 호흡을 다스리며 힐링을 경험한다.
수업 교구	· 싱잉볼
춤, 이야기	  '월월이춤 모듈의 역사여행' 영상

[1차시] 소원 다스리기

	활동	교수·학습활동	지도상의 유의점	음원
도입	춤, 이미지	<몸 깨우기> 신체 부위별로 털기, 두드리기, 돌리기, 늘리기를 하며 자신의 몸을 인식하고 깨우기	몸에 집중하여 관절을 이완하며 몸의 기운이 순환되도록 유도	자연의 소리
전개	춤, 이야기 춤, 미디어 춤, 이미지	<태양과 지구 그리고 달> 태양과 지구, 달의 관계를 이야기하며 자전과 공전에 대해 이해하기 <소원 다스리기> 달에 자신의 소원에 대해 이야기를 나누며 생각 공유하기 <달넘세> 소원을 편지지에 적어서 날님세 동작을 활용하여 소원함(우체통)에 넣기 <다함께 춤추기> 다 같이 원을 이루어 배운 동작을 자유롭게 표현하기 ① 달넘세하기	학습자가 자유롭게 자신의 생각을 공유할 수 있도록 동기 유발 학습자 간 교감을 하며 활동에 참여하도록 학습 분위기 조성	월월이춤 모듬 민요
마무리	춤, 메시지	<호흡 다스리기> 누워서 호흡을 다스리며 에너지의 흐름을 느끼고 치유하기	학습자가 천천히 호흡을 다스릴 수 있도록 차분한 분위기 조성	자연의 소리

소원 만들기

학습 개요	대문열고 닫기 동작을 활용하여 달을 맞이하는 활동이다. 대문을 열고 닫듯이 상체를 앞으로 숙이고 뒤로 젖히며 허리의 유연성을 키운다. 또한 소원을 연(鳶)에 담아서 하늘로 보내며 창의적인 월월이춤 모듈을 춘다.
학습 목표	· 대문열고 닫기 동작에 대해 알 수 있다. · 대문열고 닫기 동작을 통해 허리의 유연성과 근력을 키울 수 있다. · 소원을 연에 담아서 하늘로 보내며 창의적인 월월이춤 모듈을 출 수 있다.
수업 교구	· 연 · 싱잉볼
춤, 이야기	  '대문열고 닫기 동작' 영상

[2차시] 소원 만들기

	활동	교수·학습활동	지도상의 유의점	음원
도입	춤, 이미지	〈몸 깨우기〉 신체 부위별로 털기, 두드리기, 돌리기, 늘리기를 하며 자신의 몸을 인식하고 깨우기	몸에 집중하여 관절을 이완하며 몸의 기운이 순환되도록 유도	자연의 소리
전개	춤, 디자인 춤, 이미지 춤, 민요	〈연 만들기〉 연을 만들어 소원을 담아 하늘에 날리기 〈천체놀이〉 태양, 지구, 달로 역할을 나누어 지구는 대문열고 닫기, 달은 달넘세동작을 하며 각자 역할에 맞는 동선을 따라 움직이기 달넘세하기: 한 발을 들거나 좌우 또는 앞뒤로 중심이동하며 반복적인 발동작하기 대문열고 닫기: 대문열고 닫기 동작을 활용한 움직임으로 대문을 열고 닫듯이 상체를 앞으로 숙이고 뒤로 젖히기 〈내문 놀이〉 두 사람이 양 손을 잡아올려 문을 만들고 그 문 밑으로 다른 사람들이 빠져나가는 놀이하기 〈다함께 춤추기〉 다 같이 원을 이루어 배운 동작을 자유롭게 표현하기 ① 달넘세하기 ② 대문열고 닫기	여러 방향으로 다양하게 공간을 구성하도록 스텝을 유도 안전에 유의하도록 지도 학습자 간 교감을 하며 활동에 참여하도록 학습 분위기 조성	월월이춤 모듬 민요
마무리	춤, 메시지	〈호흡 다스리기〉 누워서 호흡을 다스리며 에너지의 흐름을 느끼고 치유하기	학습자가 천천히 호흡을 다스릴 수 있도록 차분한 분위기 조성	자연의 소리

3차시

소원 표현하기

학습 개요	기와밟기, 실꾸리 감고 풀기 동작에 대해 이해하고 경험하는 활동이다. 또한 민요를 배우고 장단을 익히며 월월이춤 모듈을 리듬감있게 춤출 수 있도록 한다.
학습 목표	· 기와밟기, 실꾸리 감고 풀기 동작에 대해 알 수 있다. · 민요와 함께 장단을 익힐 수 있다. · 기와밟기, 실꾸리 감고 풀기 동작을 춤출 수 있다.
수업 교구	· 싱잉볼
춤, 이야기	  '기와밟기 실꾸리 감고 풀기 동작' 영상

[3차시] 소원 표현하기

구분	활동	교수·학습활동	지도상의 유의점	음원
도입	춤, 이미지	〈몸 깨우기〉 신체 부위별로 털기, 두드리기, 돌리기, 늘리기를 하며 자신의 몸을 인식하고 깨우기	몸에 집중하여 관절을 이완하며 몸의 기운이 순환되도록 유도	자연의 소리
전개	춤, 이미지 춤, 민요	〈장단 배우기〉 구음, 무릎치기, 박수치기 등을 활용하여 삼채 장단을 다양한 방법으로 익히기 〈민요 배우기〉 리듬감있게 월월이춤 모듈 민요 배우기 〈기와밟기〉 기와를 밟듯이 한 팔을 머리 위로 들어 앞으로 걷기 〈실꾸리 감고 풀기〉 실꾸리를 감고 풀듯이 양손의 손목을 뒤에서 앞으로 돌리며 좌우로 움직이기 〈다함께 춤추기〉 다 같이 원을 이루어 배운 동작을 자유롭게 표현하기 ① 달넘세하기 ② 대문열고 닫기 ③ 기와밟기 ④ 실꾸리 감고 풀기	입으로 장단을 타며 다양한 방법으로 장단을 익히도록 지도 몸으로 리듬을 타며 민요를 부르도록 유도 방향을 전환하며 움직임을 표현하도록 지도 학습자 간 교감을 하며 활동에 참여하도록 학습 분위기 조성	월월이춤 모듈 민요
마무리	춤, 메시지	〈호흡 다스리기〉 누워서 호흡을 다스리며 에너지의 흐름을 느끼고 치유하기	학습자가 천천히 호흡을 다스릴 수 있도록 차분한 분위기 조성	자연의 소리

소원 창조하기

학습 개요	월월이춤 모듈을 다양하게 창조하는 활동이다. 달넘세하기, 대문열고 닫기, 기와밟기, 실꾸리 감고 풀기 동작을 민요에 맞춰 완성도 있게 구성하고 디지털 영상으로 기록하여, 영상을 공유한다.
학습 목표	· 달넘세하기, 대문열고 닫기, 기와밟기, 실꾸리 감고 풀기 동작을 춤출 수 있다. · 월월이춤 모듈을 다양하게 창조할 수 있다. · 월월이춤 모듈을 디지털 영상으로 기록할 수 있다. · 기록한 영상을 공유하며 이야기 나눌 수 있다.
수업 교구	· 학습자별 핸드폰 · 싱잉볼
춤, 이야기	  '월월이춤 모듈' 영상

[4차시] 소원 창조하기

	활동	교수·학습활동	지도상의 유의점	음원
도입	춤, 이미지	〈몸 깨우기〉 신체 부위별로 털기, 두드리기, 돌리기, 늘리기를 하며 자신의 몸을 인식하고 깨우기	몸에 집중하여 관절을 이완하며 몸의 기운이 순환되도록 유도	자연의 소리
전개	춤, 민요 춤, 미디어	〈민요춤 추기〉 월월이춤 모듈을 최종적으로 배우고 익히기 ① 달넘세하기 ② 대문열고 닫기 ③ 기와밟기 ④ 실꾸리 감고 풀기	민요에 맞춰 리듬감있게 춤을 출 수 있도록 지도	월월이춤 모듈 민요
		〈디지털 춤·춤·춤〉 그룹별 영상 촬영 후, 촬영한 영상을 보면서 이야기 공유하기	자유롭게 의견을 나누며 창의적으로 영상을 촬영하도록 지도	
마무리	춤, 메시지	〈호흡 다스리기〉 누워서 호흡을 다스리며 에너지의 흐름을 느끼고 치유하기	학습자가 천천히 호흡을 다스릴 수 있도록 차분한 분위기 조성	자연의 소리

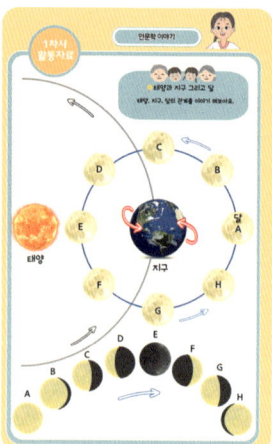

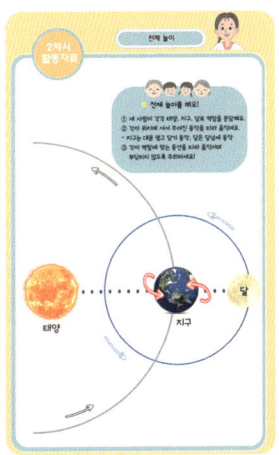

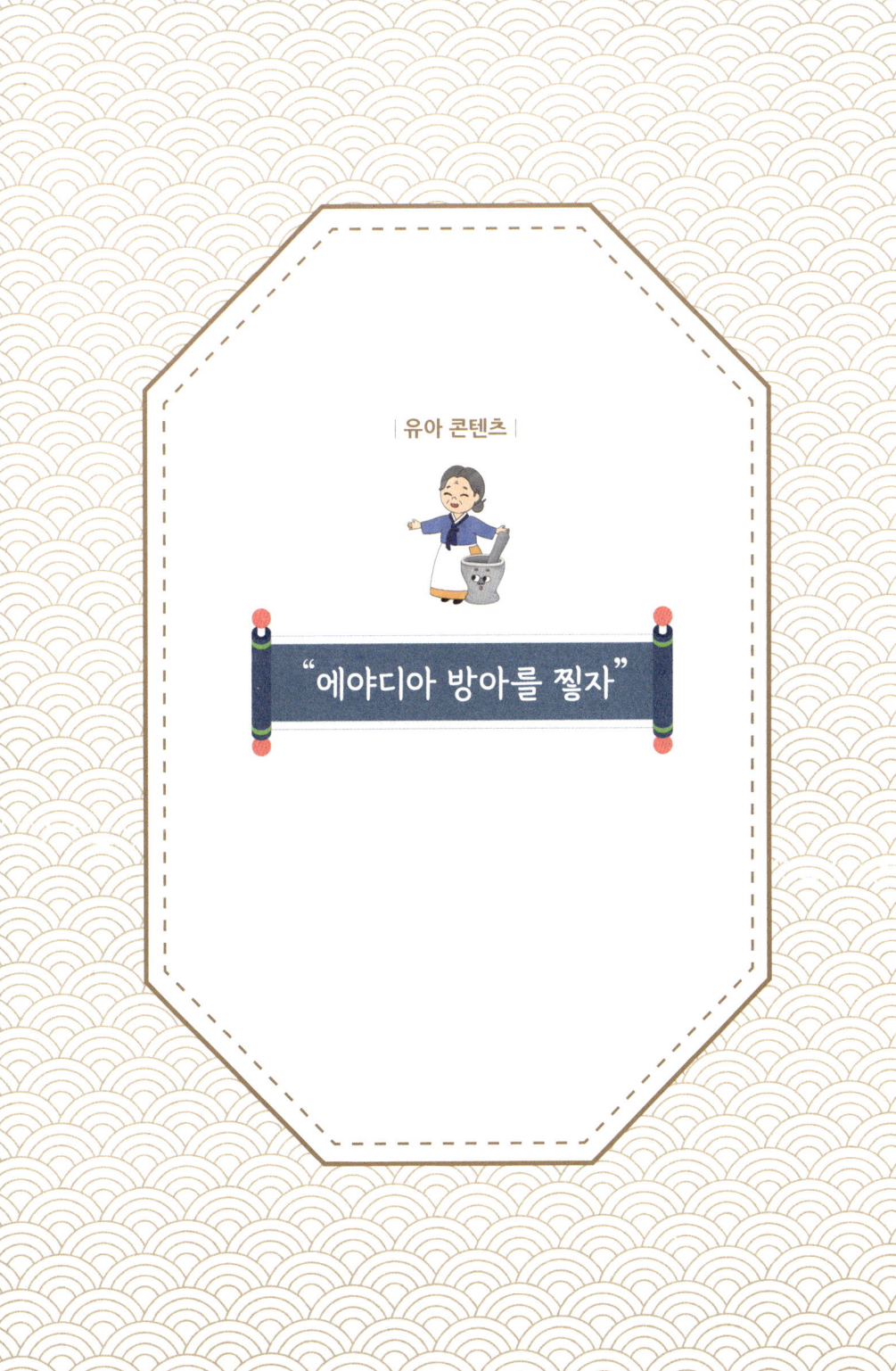

방아토리 콘텐츠의 구성

'방아토리 콘텐츠'는 사천마도갈방아소리를 통해 다섯 과장(갈방아 찧는 마당, 갈을 먹이는 마당, 배고사 지내는 마당, 고기잡는 마당, 만선을 기뻐하는 마당)을 바탕으로 방아춤의 움직임을 형상화하였다. 방아질을 하는 몸짓, 그물에 갈을 입히는 몸짓들을 추출하여 '방아춤 모듈'로 구성하였고, 이를 유아 발달 단계에 적합한 교육적 소재와 융합하여 **방아토리 콘텐츠**가 탄생하였다.

방아토리 STORY

"친구들 안녕, 난 방아토리라고 해요 난 맛있는 떡을 만들고 있지요"
 자~ 이 방아토리가 방아 찧는 법을 알려줄게요"
"우리 함께 힘을 모아 방아를 찧어봅시다"

"웅성웅성 이 고소한 냄새는 어디서 나는 거야?"
"방아토리 할머니! 맛있는 떡 좀 주세요 배고파요"

드디어 고소하고 달콤한 떡이 완성되었답니다. 자~ 이제 맛있게 먹어볼까요?"
'뿌우우우웅~' "아이고 이게 무슨 냄새람!!"
하하하! 나의 지독한 방구냄새가 어떠신가! 이 방구벌레님이 다 먹어버리겠어!!"
안되겠어요 친구들! 욕심쟁이 방구벌레를 혼쭐내줘야겠어요!
"방구벌레야~ 이 떡을 먹어보겠니 세상에서 제일 특별한 떡이란다~"
"으악 매워!!"
"그러니 욕심 부리지 말고 사이좋게 나눠 먹어야 한단다.
친구들~ 우리 다시 동물 친구들에게 떡을 나눠줄까요?"
"친구들아 미안해 내가 욕심을 부렸어..."

"호호호~ 방구벌레가 이제 욕심부리지 않고 다른 동물 친구들과
사이좋게 나누어 먹으니 정말 흐뭇하네요"

"자~ 이제 맛있는 떡으로 배도 채웠겠다! 재미있는 놀이를 하러 가볼까요?"
"좋아요!!"
"그럼 친구들도 함께 신나는 전통놀이 하러 가봅시다~~
물론! 놀 때 역시 친구들과 사이좋게 놀아야 한다는 것 잊지 말고요~"

방아토리 민요

에야디야 방아 찧자
에야디야 떡 만들자

촤르륵 촤르륵 찹쌀 멥쌀
에야디야 방아를 찧자

촤르륵 촤르륵 곱게 갈아
에야디야 방아를 찧자

푸욱 푹욱 솥에 넣어
에야디야 떡 만들자

꿀떡 쑥떡 고소한 인절미
에야디야 떡 만들자

소올 솔솔 달큰한 냄새
에야디야 방아를 찧자

소올 솔솔 고소한 냄새
에야디야 떡 만들자

쿵덕쿵덕 방아 찧자
도란도란 나눠 먹자

에야디야 방아 찧어
에야디야 방아 찧자

에야디야 방아 찧자
에야디야 떡 만들자

방아토리

편곡 양용준

'방아토리' 수업의 전체 전개

1차시

쿵덕쿵덕 방아를 찧자
춤, 이야기 - 쿵덕쿵덕 방아를 찧자
춤, 미디어 - 디지털 매체를 활용하여 무게중심 탐색
춤, 이미지 - 짝과 함께 중심이동 놀이
춤, 메시지 - 수업내용을 이해하고 공감하기

2차시

주고받고 떡나누기
춤, 이야기 - 주고받고 떡나누기
춤, 미디어 - 동물 마커 설정
춤, 디자인 - 다양한 도형의 떡 만들기
춤, 민요 - 방아토리와 함께 하는 한국 민요춤
춤, 메시지 - 수업내용을 이해하고 공감하기

3차시

욕심쟁이 방구벌레
춤, 이야기 - 욕심쟁이 방구벌레
춤, 미디어 - 양팔 저울 교육 영상
춤, 이미지 - 떡 주고받기 놀이
춤, 민요 - 방아토리와 함께 하는 한국 민요춤
춤, 메시지 - 수업내용을 이해하고 공감하기

4차시

들썩들썩 신나는 놀이
춤, 이야기 - 들썩들썩 신나는 놀이
춤, 미디어 - 널뛰기 마커 설정
춤, 이미지 - 널뛰기 놀이
춤, 민요 - 방아토리와 함께 하는 한국 민요춤
춤, 메시지 - 수업내용을 이해하고 공감하기

쿵덕쿵덕 방아를 찧자

학습 개요	방아깨비의 무게중심 원리를 이해하는 활동이다. 두 사람이 짝을 이루어 등을 대고 팔짱을 끼어 방아깨비처럼 앞, 뒤로 중심을 바꾸는 방아놀이를 하고 방아질하기1 민요춤을 춘다.
학습 목표	· 방아깨비를 통해 무게중심의 원리를 이해할 수 있다. · 두 사람이 짝을 이루어 중심을 바꾸는 방아놀이를 할 수 있다. · 방아질하기1 민요춤을 출 수 있다.
수업 교구	· 아이패드(Artivive 애플리케이션) · 방아깨비 이미지 마커판
춤, 이야기	 '쿵덕쿵덕, 방아를 찧자' 영상

[1차시] 쿵덕쿵덕 방아를 찧자

	활동	교수·학습활동	지도상의 유의점	음원
도입	하이 인사	한국 민요춤 하이인사를 통해 친구들, 선생님과 인사를 나누며 가볍게 몸풀기 열을 맞춰 학습자들을 정렬한 뒤 하이 인사 노래와 춤을 설명	학습자의 출석 및 건강상태 확인	Hi song
	춤, 이야기 춤, 미디어	〈쿵덕쿵덕 방아를 찧자〉 방아토리가 방아를 찧는데 너무 힘들어 도와달라며 방아 찧는 방법을 알려주는 상황 설명	질서를 지키도록 학습자 통솔 및 동기유발	
전개	춤, 미디어 춤, 이미지	〈쿵덕쿵덕 방아깨비〉 Artivive를 활용하여 방아깨비 이미지에 마커를 인식하면 방아깨비의 무게중심 원리 영상 구현 〈방아놀이〉 두 사람이 짝을 이루어 등을 대고 팔짱을 끼어 방아깨비처럼 '앞으로 뒤로' 중심 이동하며 짝과 함께 방아놀이 하기 〈방아질하기1〉 두 사람이 절구질을 하듯이 한 손씩 주먹을 번갈아 쥐고 펴기	질서 있게 영상을 시청할 수 있도록 규칙 알려주기 교사가 시범을 보이며 안전에 유의하도록 지도 여러 번 반복하며 충분히 움직임이 학습되도록 지도	방아토리 민요
	교구	· 아이패드(Artivive 애플리케이션) · 방아깨비 이미지 마커판		

[1차시] 쿵덕쿵덕 방아를 찧자

	활동	교수·학습활동	지도상의 유의점	음원
마무리	춤, 메시지	1차시 수업의 전반적인 내용을 이해하고 공감하기 〈차시예고〉 방아를 찧어 만든 떡에서 고소한 냄새가 풍기자 주변에 친구들이 모여들었다는 상황 설명	수업 내용에 대한 설명과 가치를 유도하며 학습자간의 의견이 공유될 수 있도록 학습분위기 조성 2차시 수업 내용에 대한 흥미유발	
	바이인사	바이인사를 통해 친구들, 선생님과 수업의 마무리	교사의 설명을 듣고 바이인사를 배우며 수업을 마무리	Bye song
활동모습	 〈방아놀이 활동〉		 〈방아질하기1 활동〉	

주고받고 떡 나누기

학습 개요	AR TOOLKIT을 활용하여 도형을 이해하고, 도형에 따른 동물을 유추하며 신체로 도형을 만들어 본다. 찰흙을 이용하여 떡을 찧어보고, 떡을 다양한 형태로 만들며 집중력을 기른다. 또한 방아질하기2 놀이를 하며 방아토리춤을 춘다.
학습 목표	· AR TOOLKIT을 활용하여 도형에 따른 동물을 유추하여 찾아볼 수 있다. . 찰흙을 이용하여 떡 찧기를 할 수 있다. · 다양한 형태의 떡을 만들면서 협동심과 집중력을 기를 수 있다. · 방아질하기2 놀이를 하며 방아토리춤을 출 수 있다.
수업 교구	· 아이패드(AR TOOLKIT 애플리케이션) · 별 도형, 사각형, 동그라미, 삼각형, 육각형 마커판 · 찰흙
춤, 이야기	    '주고받고 떡 나누기' 영상

[2차시] 주고받고 떡 나누기

	활동	교수·학습활동	지도상의 유의점	음원
도입	하이 인사	한국 민요춤 하이인사를 통해 친구들, 선생님과 인사를 나누며 가볍게 몸풀기 열을 맞춰 학습자들을 정렬한 뒤 하이 인사 노래와 춤을 설명	학습자의 출석 및 건강상태 확인	Hi song
	춤, 이야기 춤, 미디어	〈주고받고 떡 나누기〉 떡 반죽이 완성되어 고소한 냄새가 풍기자 동물 친구들이 함께 모여 떡을 같이 만드는 상황에 대한 설명	교사의 설명을 듣고 현재 상황에 대해 인지	
	춤, 민요	〈에야디야 방아를 찧자〉 민요와 장단을 배우고 함께 불러 보기 민요를 학습자에게 직접 불러주며 설명	교사의 설명을 듣고 노래를 배운 뒤 직접 불러봄	방아토리 민요

[2차시] 주고받고 떡 나누기

	활동	교수·학습활동	지도상의 유의점	음원
전개	춤, 미디어 춤, 디자인 춤, 이미지 춤, 민요	〈동물 속 숨겨진 도형〉 AR TOOLKIT을 활용하여 동물 마커를 인식하면 방아깨비, 개구리, 부엉이, 닭, 방구벌레 등 모습 구현 〈몸으로 만드는 도형〉 교사의 신호에 따라 몸으로 도형 표현하기 〈떡 찢기〉 찰흙을 이용하여 여러 신체 부위로 떡을 찢어보기 〈떡 만들기〉 찰흙을 이용하여 다양한 도형의 떡 만들기 〈방아실하기〉 방아질을 하듯이 좌우로 허리를 숙이며 손바닥 위에 주먹 내리치기 〈방아토리춤〉 ① 방아질하기1 ② 방아질하기2	질서를 지키도록 학습자 통솔 교사의 설명을 듣고 활동에 대한 규칙을 인지 하고 활동하기 리듬감있게 표현하도록 유도 방아토리춤을 여러번 반복하며 충분히 학습할 수 있도록 지도	 방아토리 민요
교구		· 아이패드(AR TOOLKIT 애플리케이션) · 별 도형, 사각형, 동그라미, 삼각형, 육각형 마커판 · 찰흙		

[2차시] 주고받고 떡 나누기

	활동	교수·학습활동	지도상의 유의점	음원
마무리	춤, 메시지	수업의 전반적인 내용을 이해하고 공감하기 <차시예고> 욕심쟁이가 방구벌레에게 특별한 떡을 준다는 이야기	수업 내용에 대한 설명과 가치를 유도 3차시 수업 내용에 대한 흥미 유발	
	바이인사	바이인사를 통해 친구들, 선생님과 수업의 마무리	교사의 설명을 듣고 바이인사를 배우며 수업을 마무리	Bye song
활동모습	 <몸으로 만드는 도형 활동>		 <방아질하기2 활동>	

욕심쟁이 방구벌레

학습 개요	양팔 저울(천칭)의 원리를 이해하며 몸으로 표현하는 활동이다. 팀별로 바구니를 활용하여 떡을 똑같이 나누어 수의 개념을 알고, 서로의 떡을 주고받으며 협동심과 수학적 사고력을 기른다. 또한 방아질하기3 동작과 함께 방아놀이를 경험하며 방아토리춤을 춘다.
학습 목표	· 양팔 저울(천칭)의 원리를 이해할 수 있다. · 바구니를 활용하여 떡을 똑같이 나누며 수의 개념을 알 수 있다. · 친구들과 떡을 주고받으며 협동심과 수학적 사고력을 기를 수 있다. · 방아질하기3 동작과 함께 방아놀이를 경험하며 방아토리춤을 출 수 있다.
수업 교구	· 아이패드 · 2차시에 만든 떡
춤, 이야기	    '욕심쟁이 방구벌레' 영상

[3차시] 욕심쟁이 방구벌레

	활동	교수·학습활동	지도상의 유의점	음원
도입	춤, 이미지	한국 민요춤 하이인사를 통해 친구들, 선생님과 인사를 나누며 가볍게 몸풀기 열을 맞춰 학습자들을 정렬한 뒤 하이인사 노래와 춤을 설명	학습자의 출석 및 건강상태 확인	Hi song
	춤, 이야기 춤, 미디어	〈욕심쟁이 방구벌레〉 욕심많은 방구벌레를 혼쭐내주려는 상황 설명	교사의 설명을 듣고 현재의 상황에 대해 인지	
	춤, 민요	〈에야디야 방아를 찧자〉 민요 함께 불러 보기	리듬을 타며 민요를 부르도록 유도	방아토리 민요
전개	춤, 미디어 춤, 이미지 춤, 민요	양팔저울(천칭) 시청각 자료 활용 〈똑같이 나눠요〉 바구니를 활용하여 떡을 똑같이 나누며 천칭되어 보기 〈우리 집에 왜 왔니〉 팀을 나누어 서로의 떡을 주고받으며 떡 뺏기 〈방아질하기3〉 배와 엉덩이에 방아질을 하듯이 번갈아 두드리며 뛰기 〈방아토리춤〉 ① 방아질하기1 ② 방아질하기2 ③ 방아질하기3	학습자들이 안전에 대한 시청각 자료를 볼 수 있도록 지도 수에 대한 개념 알기 민요를 부르며 활동이 이루어 지도록 유도 음악에 맞춰 리듬감있게 춤을 출 수 있도록 유도 방아토리춤을 여러 번 반복하며 충분히 학습할 수 있도록 지도	방아토리 민요
	교구	·아이패드 ·2차시에 만든 떡		

[3차시] 욕심쟁이 방구벌레

	활동	교수·학습활동	지도상의 유의점	음원
마무리	춤, 메시지	수업의 전반적인 내용을 이해하고 공감하기 〈차시예고〉 방구벌레의 사과로 모두 즐겁게 신나는 놀이를 한다는 내용 설명	수업 내용에 대한 설명과 가치를 유도 4차시 수업 내용에 대한 흥미 유발	
	바이인사	바이인사를 통해 친구들, 선생님과 수업의 마무리	교사의 설명을 듣고 바이인사를 배우며 수업을 마무리	Bye song

활동모습

〈우리 집에 왜 왔니 활동〉

〈방아질하기3 활동〉

Ⅱ. 한국 민요춤 교육콘텐츠 419

들썩들썩 신나는 놀이

학습 개요	널뛰기의 원리를 이해한다. 양쪽 끝에 한 사람씩 서서 번갈아 발을 구르며 널을 차고 오르는 널뛰기 놀이를 배운다. 또한 방아토리 민요를 부르며 방아토리춤을 춘다.
학습 목표	· 널뛰기의 원리를 이해할 수 있다. · 친구들과 협동하여 널뛰기 놀이를 할 수 있다. · 방아토리춤을 즐겁게 출수 있다.
수업 교구	· 아이패드(Artivive 애플리케이션) · 널뛰기 마커판
춤, 이야기	   '들썩들썩 신나는 놀이' 영상

[4차시] 들썩들썩 신나는 놀이

	활동	교수·학습활동	지도상의 유의점	음원
도입	춤, 이미지	한국 민요춤 하이인사를 통해 친구들, 선생님과 인사를 나누며 가볍게 몸풀기 열을 맞춰 학습자들을 정렬한 뒤 하이인사 노래와 춤을 설명	학습자의 출석 및 건강상태 확인	Hi song
전개	춤, 이야기 춤, 미디어	〈들썩들썩 신나는 놀이〉 방구벌레가 자신의 잘못을 사과한 후, 이제 욕심을 부리지 않겠다고 약속하며 친구들과 사이좋게 놀이를 하는 상황 설명	교사의 설명을 듣고 현재의 상황에 대해 인지	
	춤, 민요	〈에야디야 방아를 찧자〉 민요 함께 불러 보기	리듬을 타며 민요를 부르도록 유도	방아토리 민요
	춤, 미디어 춤, 이미지 춤, 민요	〈뛰자 뛰자 널뛰기〉 Artivive을 활용하여 널뛰기 마커를 인식하면, 널뛰는 여인들의 모습이 구현 〈널뛰기 놀이〉 두 팀을 나누어 줄을 선 후, 서로 마주 보며 번갈아 발을 구르고 널뛰기 널뛰기를 충분히 반복한 후 가위바위보 게임을 통해 꼬리잡기 놀이하기 〈널뛰기 미러링〉 교사가 움직임을 표현하면 똑같이 따라하기 〈방아토리춤 추기〉 1-4차시까지 배운 민요춤 연결 ① 방아질하기1 ② 방아질하기2 ③ 방아질하기3	질서를 지키도록 학습자 통솔 안전에 유의하며 활동이 이루어지도록 유도 음악에 맞춰 리듬감있게 춤을 출 수 있도록 유도	 방아토리 민요
	교구	· 아이패드(Artivive 애플리케이션) · 널뛰기 마커판		

[4차시] 들썩들썩 신나는 놀이

	활동	교수·학습활동	지도상의 유의점	음원
마무리	춤, 메시지	수업 전체를 마무리하며 최종적으로 느낀 점에 대해 이야기를 나누는 시간을 갖기	4차시에 거친 방아토리 수업에 대한 소감을 묻기	
	바이인사	바이인사를 통해 친구들, 선생님과 수업의 마무리	교사의 설명을 듣고 바이인사를 배우며 수업을 마무리	Bye song
활동모습		 〈널뛰기 놀이 활동〉	 〈널뛰기 미러링 활동〉